万有文化
岂止于书

老板做老板的事 员工做员工的事

肖杰◎著

金城出版社
GOLD WALL PRESS
中国·北京

图书在版编目(CIP)数据

老板做老板的事，员工做员工的事 / 肖杰著. — 北京：金城出版社有限公司, 2020.9
ISBN 978-7-5155-2033-9

Ⅰ. ①老… Ⅱ. ①肖… Ⅲ. ①企业管理－通俗读物
Ⅳ. ①F272-49

中国版本图书馆CIP数据核字(2020)第123240号

老板做老板的事，员工做员工的事

作　　者　肖　杰
责任编辑　王寅生
责任校对　岳　伟
开　　本　880毫米×1230毫米　1/32
印　　张　8
字　　数　140千字
版　　次　2020年9月第1版
印　　次　2020年9月第1次印刷
印　　刷　天津盛辉印刷有限公司
书　　号　ISBN 978-7-5155-2033-9
定　　价　59.00 元

出版发行　**金城出版社有限公司**　北京市朝阳区利泽东二路3号　邮编：100102
发 行 部　（010）84254364
编 辑 部　（010）64391966
总 编 室　（010）64228516
网　　址　http://www.jccb.com.cn
电子邮箱　jinchengchuban@163.com
法律顾问　北京市安理律师事务所 18911105819

特别鸣谢

本书在写作过程中，得到很多支持和帮助，更有以下众位师友为本书提供了很有价值的实战内容，在此一并感谢（排名不分前后）：

肖启炎　北京世纪奥科生物技术有限公司　董事长

张　猛　江西摆渡人文化传播有限公司　联合创始人

梁加林　江西金蕊菊业有限公司　董事长

汪玉颖　九江浔阳小学　老师

罗世龙　自由创业者

王　紫　江西修水壹家服饰有限公司　总经理

魏国华　江西鸿丰环保工程有限公司　总监

俞利玲　江西锐博教育机构　创始人

朱文君　文嘉君展柜实业有限公司　董事长

舒雪波　欧贝婴儿游泳设备　总经理

吴思澄　摇光文化传媒　董事长

张　明　稻惑餐饮　创始人

胡超群　善婴美　品牌创始人

魏心平　希达资本　联合创始人

甘宏磊　广州绿墅带教企业管理咨询有限公司　总经理

晏　云　江西云企建设工程有限公司　总经理

邹燕萍　湖南华莱生物科技有限公司　五星代理

雷勉勤　九江瑞昌市德和物流有限公司　总经理

殷美霞　江西摆渡人文化传播有限公司　总经理

涂沁饴　江西某小学学生　殷美霞女儿

策划手记

要想管理好企业，
老板与员工的界限要分清

有的老板在公司做大后，依然做着各种杂事，产品经理是他，销售员是他，人事是他，接待员是他，清洁工也是他。说得好听，叫做“全才”；说得不好听，叫做“高级杂工”。

也不是不对，初创老板为了节约成本，确实需要做各种各样的杂事，并且可以让自己熟悉公司运作的整个流程，让以后自己少犯错误。少摆谱，多做事，才能稳稳当当赚取更多的利润。

但公司做大后，如果还浪费时间去做这些事，就会导致管理混乱，比如出现企业没战略、团队带不好和员工不听话等状况。

企业管理不好，一个很重要的原因就是老板与员工的界限没有分清。

老板就要做老板的事，员工就要做员工的事。

老板就要尽量做定战略、带领团队、理清企业发展路径和做好产品等工作，而不是领着高薪做杂事。

员工则要带着成长自己，为自己负责任的心态，操老板的心，端正自己的工作态度。每一天都如此，才不会总抱怨遇不到伯乐，才能让自己更优秀。

《老板做老板的事，员工做员工的事》是我帮资深企业管理咨询师肖杰策划的书，书中一共 45 个案例，都是企业管理中会遇到的问题。书中每个案例都有案例分析，从老板和员工两个不同的角度，分析老板要做的事，员工要做的事，带读者朋友分清老板与员工的界限，并且给出训练方案，让每位读者可以从案例转到实操，成长更快。

作者肖杰 10 多年来专注企业管理咨询和职场心理学的培训，帮助拓宽老板和员工的视角，提高他们的认知。

这是一本有趣并且实用的企业管理必备工具书，无论你是企业老板还是员工，都应该读一读。

李鲆 出版策划
276527980
资深出版人，创读会创办人
著有《畅销书浅规则》《多赚一倍》系列

推荐序

以“人”为本，解决企业管理难题

管理员工，对很多没受过专业训练的老板来说，是一件不容易的事。

你明明已经说过很多次，员工依然会在同一件事上犯错误，而且是同样的错误，员工好像缺少自我总结、自我成长的能力；

人不是机器，有情绪的时候，不但效率降低，破坏同事间或者客户间的感情，甚至有时会撂挑子，直接走人不干了；

遇到困难退缩，不敢挑受挑战，对不熟悉的事物充满莫名的恐惧，遇到压力只能自己扛；

年轻人好像越来越脆弱，批评不得，遇到小小的批评不是顶撞老板就是自己情绪低落；

……

这些管理问题已经成为很多企业发展的顽疾，更有甚者成为一股强大的暗流，成为企业冲击奋斗目标的阻力。而这些问题，还不能通过公司的规章制度彻底解决。因为它不是关于一件“事”，而是关于这个“人”。

人的思维模式是非常复杂的，管理者需要掌握其背后的规律，解决了“人”的问题，才能解决根本问题。

肖杰导师这本《老板做老板的事，员工做员工的事》，从“人”的思维模式入手，用很直白的表述方式，让读者能轻松掌握有关“人”的规律，以“人”为本，从根本上解决企业管理的难题。

书中呈现的一个个鲜活故事，让你有身临其境的感觉。这些是肖导多年辅导企业的真实案例，每个故事都发人深思，洞悉人性，启迪智慧。

本书还有一大特色：每个案例后面都附有“训练方案”。肖导用心良苦，为读者制订了针对性训练，让他们把知识转换成能力，把能力转换成本能，从而形成更有效的思维和行为习惯。

可以说，这既是一本解决企业管理各种问题的工具书，也是一部个人成长的训练手册。

肖导10多年前就开始跟我学习实用心理学，我见证了他成长的过程。他的坚忍不拔让我敬佩，刻苦努力更是我众多学生中的典范。他不光是站在讲台上传播实用心理学的导师，也是运用学问深入一线帮助企业解决问题的实践者，更是自我修行的觉察者。

这本书，不是肖导写出来的，是他自己做出来的，是他这10多年支持企业发展的心路历程，点点滴滴都是他曾经走过的路。

黄启团 / 文

资深心理学导师，专注心理学应用教育传播20余年，将心理学理论成功运用于企业管理、经营、婚姻、家庭和亲子教育等领域，培养学员超过10万人，著有《只因目中无人》《圈层突破》《别人怎么对你，都是你教的》等大众心理学普及读物。

推荐序

不同视角看待问题，每个人都可以独自承担相应的责任

我一口气读完了肖杰导师《老板做老板的事，员工做员工做的事》这本书，第一感觉是：在企业管理中要各司其职、各司其位，并且要 100% 独立承担责任。

我想每一位管理者都期待员工能做到，然而现实工作中真正能做到的并不多。这看似简单的道理，要想做到非常不简单。

在错综复杂的人际关系和各种问题中，我们要明白自己的位置，该做什么、不该做什么，以及怎么做，都要考虑清楚。

我们知道，自己要做一个负责任的人。然而在工作中，有人没有承担该承担的责任；有人承担了不该自己承担的责任；有人没有能力承担自己该承担的责任。这三种人不管是哪一种，在企业运营中都是致命的，会让企业在组织力和企业效益等方面大打折扣。

怎样让员工能 100% 独立承担责任呢?

肖杰导师这本书给了我们思考的方向，他在书中拆解了看待问题的各种视角，鼓励我们成为独立承担责任的个体，并给出了解决问题的多个思考方向和解决方案。

本书是肖杰导师10多年服务企业的结晶，这不是学术讨论，不是冠冕堂皇的道理，而是他自己在解决企业问题时的思考过程。

书中梳理了企业常见的问题，并且选取了工作中常见的45个生动且经典的案例，以讲故事的形式把读者带入到情境中，让读者可以看到在这种情境下如何更好地处理关系、解决问题，在找到最优处理方案的同时映射出深刻哲理，反复咀嚼，意犹未尽。

特别感谢肖杰导师邀请我为他的新书作序。

多年前我们因为共同服务一家企业而相识，印象中的肖导总是带着自信的微笑，周身散发着阳光的气息，一种职业导师必备的气质由内而生。

我最敬佩他的勤劳和刻苦，白天深入企业解决问题，晚上复盘，补充知识量，坚持写总结。

肖导的课讲得很好，帮助企业解决问题的效果立竿见影，这一切的能力来自他的勤劳和刻苦。

挂在肖导嘴边的话是：高手是练出来的，牛人是干出来的。他身上的这份务实精神让我非常敬佩。

肖导的学习力非常惊人。他特别喜欢钻研，如果遇到暂时解决不了的问题，他一定会请教很多老师，查阅很多资料，一定要把这个问题的顶层思维和底层逻辑搞清楚。

肖导常对企业主们说：遇到问题不可怕，可怕的是不能在遇到的问题中成长，拿不出彻底解决这个问题的方案。很多企业只是重复地解决一个又一个类似的问题，尽管是老企业，也跟刚开业时一样凌乱。

肖杰导师十年磨一剑，才有了本书的正式出版，他的这些卓越特质淋漓尽致地体现在书中的每一个案例中，每个案例都蕴含着正人、正行和正思维的能量，是企业管理者的必备读物。

苟旭杰／文

希达模式创始人、企业设计学理论奠基人、资本战略专家、投资银行专家、著名天使投资人，著有《寡头战略》《股权资本整体解决方案》《股权投资实战解析》《公司IPO上市操作全案》等。

自序

双管齐下，五步着力，助老板和员工真正成长

这本书记录了企业老板和员工在解决各种冲突中真实的成长过程，是实用心理学运用在企业运营和管理中的真实体现。

书中一共分析了 45 个案例，从我 10 多年来辅导各企业的上万个案例中精选出来，期待本书能让老板和员工视角拓宽、认知提高和心量格局扩大。

两个探索入手点

这是一本企业必备工具书之一，特点是从“人”的维度出发，从探索情绪、信念入手，解决老板和员工之间的各种冲突，帮助读者建立飞鸟般的视野，启发读者自我解决问题，开启个人持续成长的大门。

1. 为什么从情绪入手探索呢

10 多年来，我看到了很多才华卓越的老板，并没有发挥出应有的能力，很大的原因是“能量”被情绪消耗掉了。他们学过很多管理技能，有着丰富的企业运营经验，但是很少有人懂得如何处理负面情绪，更不会懂得如何从负面情绪中挖掘宝藏。我相信，如果掌握了情绪的运用，迎回被消耗的能量，老板的管理效果将会大大提高。

2. 为什么从信念入手探索呢

老板的信念决定一切，然而他的信念一旦固化下来，就有可能成为一种执念；影响企业发展的，有可能就是过去让老板成功的信念。本书帮助企业老板掌握“觉察信念”的能力，时刻保持与时俱进，建立引领时代发展的信念体系，而不是局限在某些限制性信念中；同时帮助员工突破限制性信念，创造可能性，在工作中找到更多解决问题的方法。

人生最大的悲哀之一是“我们不知道自己不知道什么”，很多限制性信念是很隐蔽的。我相信，如果拿掉了信念的限制，企业的发展将一日千里。

本书内容还包括企业运营的部分技能，我尽可能给读者呈现的，是我们经常忽略和想不到的范畴。本书的出发点是支持老板和员工“生命的成长”。我相信，如果能赢回生命的能量，破除限制性信念，每个人都能通过学习迅速掌握企业运营的技能。

五个创作构思点

本书在创作时从五个方面构思，分别是案例分析、老板要做的、员工要做的、训练方案和成长手记等。

“案例分析”是把每个案例的精华呈现出来；“老板要做的”和“员工要做的”，是清晰点明老板和员工在冲突中各自需要把握的边界和参考做法；“训练方案”是把“知道转换成做到”的练习；“成长手记”供读者直接把成长内容记录在书上，方便复习。

这五个构思，是期待把每个案例所启发的智慧，从知道的层面转换成读者可以达成目标的行为。

本书的起笔日期是 2020 年 1 月 23 日，武汉因为新型冠状病毒感染而封城，随后全国各地很多的逆行者投入到这场没有硝烟的战争中。

谨以此书，向守护生命的逆行者致敬！

目录

老板的结婚请帖（上）

方红霞是一家年产值3000万元的食品企业销售经理，有一天，她气冲冲地来到我办公室，狠狠地坐下说："肖导，气死我了！"

我给她倒杯水，语气平缓地问："发生什么事了，把一向干练的红霞姐姐气成这样？"

她猛喝了一大杯水，愤怒地说："我们老板要结婚了，给身边所有同事都发了请帖，就是没有给我发，越想越生气。这么多年我帮了公司很多，三分之二的业务是我拿回来的，我一直觉得和老板私交也不错，居然结婚这么大的事，他给别人发请帖却不给我发，难道我在老板心里一点分量都没有吗？"

雷厉风行的方红霞，居然能为一张请帖气成这样，实在意想不到。

看到红霞愤怒的样子，我怕给她带来"二次伤害"，小心翼翼地问："你有当面或打电话问一下老板，什么原因没有给你发请帖吗？"

红霞再次气愤地跺脚说："这还用问吗？一定是不重视我啊！亏我还如此卖命地跟随他。"

我拿了一些零食给红霞，让她放松下来。

过了一会儿，等她缓和下来了，我开始启发她："俗话说，'宁愿明明白白地放弃，也不要糊里糊涂地错过’。你现在直接打个电话给你老板求证一下，看看真相是什么，是不是你想象的那样。如果和你想象的一样，你再生气也不迟。”

她怎么也想不通，这到底是为什么呢？也曾想当面问一下老板，可是她觉得太丢面子，自己去质问也显得太小气了。倔强的红霞心里想：不请就不请，老娘还不愿意去呢！

现在听我说打电话直接和当事人求证，红霞做了两次深呼吸，让自己平静下来，把电话打出去了。她为了向我证明她认为的是对的，还刻意开了免提。

电话接通，传来老板非常喜悦的声音：“红霞，你好，这几天忙着筹办婚礼，公司的事耽误了不少，还好有你帮忙顶着，你是公司的中流砥柱，我衷心地感谢你！其他同事的请帖我已经安排他人送到了，给你的请帖在我手上，我正准备联系你，亲自送到你手上呢！你现在在哪儿？我一会儿过去找你。”

方红霞的脸色一阵红一阵白，和老板约了等会儿见面，就匆匆挂了电话。

看到她的囧样，我实在忍不住，就大声笑了出来，她也跟着我笑了起来，还不忘来一句：“白生气了！”

我知道，方红霞的生气是自我价值感太低了。她重不重要，需要老板的一张请帖来决定，这是一种认知的偏差。

为了支持红霞成长，我带她拓宽认知：“当遇到一件事后，有些人会马上往坏处想，感觉是针对自己的，感受到很大的伤害，这叫‘演绎被伤害’，是一种生命的模式。这种模式的好处是：会让我们时刻保持谨慎，有超强的警觉性，预防被伤害。但是这种模式也有副作用：感觉对方伤害了自己，如果没有觉察，一不小心就成了关系破裂的导火索、伤人伤己的利器。”

方红霞的负面情绪消失了，开始在我的引导下觉察自己的模式：“肖导，谢谢你再次点拨。你以前在课堂上说‘在情绪层面上，如果我不允许是没有人可以伤害我的’，我当时没有领悟，现在领悟了。我应该先去了解真相，而不是马上被生气占据了头脑。”

我看到红霞因为经历了请帖这件事而成长，真心为她高兴，带着鼓励说：“不能简单地用我们的想法去评判别人的想法；也不能粗暴地猜测别人一定是那样想的。和当事人直接求证，误会就消除了，智慧也就升起来了。”

方红霞很感激地看着我说：“感谢肖导的支持，要不是你让我直接打电话给老板求证，我甚至会恨死他，我已经在考虑是不是要辞职了。你的支持不但挽救了我和老板的关系，而且保住了我很喜欢的这份工作，还让我觉察到‘演绎被伤害’的模式，太感谢你了。”

收下了方红霞的感谢，我内心特别有成就感，继续支持她：“还不只是‘演绎被伤害’的模式，我还想请你觉察‘自我价值感’，你是有价值的，你是重要的，这和老板有没有给你发请帖无关。”

方红霞喜悦地说：“实在没想到，一张请帖就能让我领悟这么多。我是重要的，不管别人认不认可我，不管我做得怎么样，我都很重要，很有价值。”

我点头肯定地说：“是的，红霞，你很重要，你们公司需要你，你的家庭需要你，这个社会更需要你！”

红霞带着满满的能量回了公司，等着老板给她亲自送请帖。

【案例分析】

人们看到的事实，不一定是真相，还往往会根据自己的认知演绎出很多的评判，让自己看不清真相是什么，甚至会演绎自己受到了伤害。

这种演绎是一种先入为主的前提假设，大脑会自动找到很多证据证明这个前提假设是对的，于是陷入自己的思维局限中，掉进负向情绪中无力自拔。这会大量消耗我们的能量，大大降低幸福指数和工作效率，在不知不觉中破坏了彼此的关系。

本案例给了我们处理情绪和问题的一个方向：区分事实、真相与演绎。具体怎么做到呢？从建立以下三个信念框架开始：

1. 任何事情的发生都有其正面动机；

2. 和当事人直接对话，探索真相到底是什么；

3. 在情绪层面上，除非我允许，否则别人是伤害不了我的。

不管是老板还是员工，遇到任何事情，对照以上三个信念觉察自己的思维模式：是否已经看到了事情背后的正面动机；是否和当事人直接对话，对事情的评判是否因为道听途说，是否是自己演绎的；感受自己是否受到事情的影响而产生了负面情绪。如果感受到了负面情绪，不要对抗它，而是继续深入探索负面情绪传递着什么样的信念，看看这个信念是事实、真相还是演绎。

本案例还提醒我们要建立心理资本，强化自我价值感。每个人的价值，和他人的评价无关。

【老板要做的】

1. 及时向员工表达感恩、感谢、欣赏和发心，不要等到员工已经心理不平衡了再来表达。

2. 除了关心员工的绩效，还要关心员工的心理建设，降低情绪影响绩效的概率，预防情绪导致的人员流失。

【员工要做的】

1. 当不能理解老板时，自己不要演绎，更不能传播负面言论和情绪，主动和老板沟通，和当事人直接对话。

2. 不要因为一时的情绪就想着换份工作，要成长的是情绪本身，否则换工作是解决不了问题的。

【训练方案】

1. 与人沟通时反复问自己：对方想对我说什么？从语气、情绪、发心、事实、真相、演绎和内容等方向，全方位地聆听对方。

2. 对一个人或一件事有评判时，问问自己：这个评判是事实，是真相，还是演绎？

3. 觉察自我价值都在受哪些因素影响？当外在因素发生变化时，是否还可以坚定地认为自己是有价值的？

成长手记	

老板的结婚请帖（下）

方红霞很高兴地拿到了老板亲手送的结婚请帖，回到了自己的办公室反思自己的心路历程，开始觉察：为什么自己的情绪，会被一张小小的请帖控制呢？

仔细想想，类似的事其实很多。方红霞知道，这份觉察对成长非常有帮助，所以就拿起本子，开始记录自己的思考。

有一次，老板组织销售部自驾游，方红霞的车刚好送去保养了，就想坐老板的车去。可是老板已经邀请了另外的同事，她只好去和其他同事拼车。

红霞没能坐上老板的车，一路非常郁闷，整个旅游都不开心。旅游回来一个星期了，心里还是不痛快，工作效率也很低。

当红霞把这件事写在本子上的时候，自己都觉得很可笑，这有什么大不了的呢？也许老板压根不知道旅游那天自己没有车用；又或者老板想让销售经理多和团队打成一片。

当红霞看到这件事背后老板的正面动机时，也就能看到老板组织大家去旅游的不容易。其实公司的效益并不是那么理想，但是老板依然愿意花钱、花时间给予大家更多的福利。跟着这样一位大气、乐于付出的老板，自己居然还在为不能和老板同坐一辆车而郁闷，这让她感到了自己的狭隘，感受到了惭愧。

红霞在本子上写完这件事，她也明白了自己的自我价值感低，看不到工作的价值。一件很小的事，都可能是自我伤害的利器，甚至在工作的时候，老板表扬了、关注到了，就努力点做；老板批评了、没有检视到，就偷懒耍滑，仿佛自己的人生，是为老板的态度而活似的。

每个人都是有价值的，公司里的每个岗位都很重要，每个人都是岗位的主人翁，是人生的责任者。老板表扬或是批评，都是对我们成长的支持，都值得去感恩。

还有一件事，也让方红霞记忆犹新。

公司年会有抽奖环节，自己手气好，抽到了一台大冰箱，正在喜出望外，庆幸走大运时，老板拿起麦克风说："我有个建议，我们高管团队如果抽到奖，都捐出来吧，基层同事这一年辛苦了，让他们有更多抽奖的机会，大家觉得如何？"

还能如何？面对几百位员工的年会，只能捐了。

就这样，红霞抽到手的大冰箱捐了出去，内心苦涩无比，还得强装大气地说："应该的，应该的！"

"难道我不是员工吗？我不是辛苦一年吗？"红霞内心相当郁闷。这件事曾一度影响了红霞的心情，也影响了她对老板、对公司的看法。直到春节后开工，老板给每位高管发了3000元的红包，她的内心才平衡下来。

再次记录这件事，红霞对自己哭笑不得，自己拿的年终奖是普通员工的好几倍，老板经常还会给一些额外奖励，为什么还去计较一个冰箱呢？何况老板发的开工红包，确实也不少。现在想想，老板在年会上邀请高管抽到大奖捐出来这件事虽然突兀，但是出发点确实是为了员工。而且老板自己抽到的大奖也捐出来了，员工的归属感确实更强了。

从另一个角度分析，这也让她看到了老板对高管团队的信任。他认为在年会上突然引发高管捐出自己抽到的奖，高管团队一定会理解和拥护。

红霞把这件事的体会写在本子上，做了成长记录：任何事情的发生，都有其多面性，如果只能看到一面，就容易自我设限；任何事情的发生，都有其正面动机，若能看到正面动机，就可以智慧地处理冲突。

就这样，红霞在办公室坐了大半天，一次次地觉察，看到了自己的情绪被一张小小的请帖控制的底层逻辑：看待事情的角度太窄；自我价值感太低。

当红霞看到过去的自己一次次被一些小事操控了情绪时，会心一笑，感觉现在自己的视角宽了很多，境界高了很多。于是她合上本子，愉悦地走出了办公室。

【案例分析】

自我价值感低的人，总感觉自己没有价值，认为自己不重要，特别担心别人的负面评价。有时候，别人的一个眼神、一句话和一个行为，都可能引发自己翻江倒海的情绪，造成对事情的错误判断，引发错误的行为。这种情况下，人与人之间的相处就会如履薄冰，容易产生冲突。当我们拓宽看待事情的角度，看到事情背后的正面动机，就能更加智慧地处理情绪和冲突。

【老板要做的】

1. 安排事情时，表达发心，越是亲近的人越需要表达发心。

比如案例中的老板邀请同事坐自己的车，对很多同事来说，能坐老板的车是一种荣誉，毕竟能坐老板车的人是很少的。如果能表达发心，就会平衡大家的心态，减少没必要的误会。

2. 不要朝令夕改，也不要心血来潮地发号施令。像案例中的老板在年会上突然引发高管捐出抽到的奖，风险是很大的。

【员工要做的】

多总结，总结是成功之母。像案例中的方红霞一样，时常静下心来察觉自己，并多向师长、领导请教。

【训练方案】

1. 把影响自己情绪的事情一一写下来，多换几个角度看待这些事。

2. 每天花5分钟的时间，持续70天，面对亲人或团队大声分享：你知道我有多了不起吗？把自己的了不起分享给他人，以此强化自我价值感。也可以邀请他们向你分享他们的了不起，共同成长。

成长手记	

员工把发票弄丢了（上）

有一天早上上班，我听到隔壁公司的郑总很大声地责备员工，不知道是谁犯了错，惹得郑总生气了。

这样的情况以前从来没有出现过，不知道这一次发生了什么严重的事。

感受到郑总需要支持，我发了个信息给他：“郑总，骂完人过来喝茶吧。”

一个小时后，郑总余气未消地来到我的办公室，有些尴尬地说：“让肖导见笑了，让一个销售部员工给客户送发票，客户见发票打款。公司急着用这笔款，结果员工在路上把发票弄丢了！”郑总说的时候，胸膛起伏，看来真是气得不轻。

员工的这种错误虽然不是主观性的，但是确实让人无语，我完全能够理解郑总这一刻的心情，安慰郑总说：“事已至此，赶紧补救吧，不要拿别人的错误惩罚自己。”

郑总稳定了一下情绪，说：“我气的不是他把发票弄丢了，气的是他的不负责任。他害怕无法交代，为了逃避责任，居然带着辞职书来和我说，你说可恶不！”

原来事件还有续集。

我更加理解为什么这次郑总的脾气比以往更大了，郑总平时很关心员工成长，这次看到员工犯错，居然选择辞职来面对，他是恨铁不成钢。

看着郑总久久不能平静，我又安慰了一句：“喝杯茶消消气，千万不要背情绪的黑锅！”

郑总似乎没听清，反问我：“什么是情绪的黑锅？”

我解释：“你的员工弄丢了发票，知道事情严重，内心肯定很自责、很痛苦，这本是他的负向情绪。因为丢了发票，又因为一份辞职书，他的负向情绪被你背上了。你在背他的情绪黑锅，你没有留意到吗？”

如果有人代人受过、受冤屈，我们就说这人在“背黑锅”，通常指的是某个事件。

还有一种黑锅是情绪上的，很多人是主动去背了别人的情绪黑锅还不自知，郑总现在就是典型的“背情绪的黑锅”。

停了一会儿，郑总终于转过弯来了：“肖导，你是说，他丢了发票是有情绪的，可是现在情绪变成我的了，而他交个辞职书就解脱了，我就成了背黑锅的了，是这样吗？”

我严肃地看着郑总说：“是啊。要想成就更大的事业，你做不到情绪收发自如可不行啊！”

郑总点头：“按你这样说，我好像经常因为别人的情绪而有情绪。情绪一上来，不但事情没有妥善解决，还伤人伤己、破坏关系，我也挺苦恼的。”

郑总喝了口茶，完全冷静了下来，向我请教：“肖导，因为别人的情绪而有情绪，要怎么调整呢？”

我看到郑总有了觉察，并且有了调整的心愿，就选择了一个方向给予支持："升起慈悲心可能会好很多。"

郑总有些疑惑地说："慈悲心？"

我解释给郑总听："是的，慈悲心，慈爱众生并给予快乐称为慈；同感其苦，怜悯众生，并拔除其苦，称为悲。你若能遇事冷静，感受他人的痛苦，就再也不会背情绪的黑锅了。"

郑总复述了我的话："慈悲心，感受他人的痛苦，那要怎么感受到他人的痛苦呢？"

我对郑总说："比如你这位员工丢了发票，带着辞职书来告诉你发票丢了，你先不要马上评判对错，先聆听他的正面动机，感受他从丢了发票到这一刻的情绪。"

郑总按我的引导，慢慢闭上了眼睛，深深吸了一口气，开始尝试感受那位员工的情绪。不一会儿，郑总睁开眼睛缓缓地说："谁都想把事情办好，如果是我把一件重要的事搞砸了，一定会很痛心，很气愤自己办事不小心，无颜面对江东父老，只有以死谢罪。"

郑总描述得挺有画面感的，我微笑着说："你能感受到他的痛心，就是感受其苦，看到你的员工身在情绪的苦难中，你愿意帮助他走出来吗？"

我没有让郑总马上回答我，而是让他闭上眼睛去感受那位员工的痛心，并放大这份痛心的感觉。

过了一会儿，郑总睁开眼睛，面容慈祥了很多："肖导，我感受到他的苦了，我愿意帮助他走出来。当发现发票丢的那一刻，他一定是非常痛苦的。他都已经那么痛苦了，我还对他大发脾气，简直就是在他的伤口上撒盐。"

我接着问郑总："感受一下你这一刻的情绪，是怎样的？"

郑总笑着说："不生气了。当我能感受到他的情绪，看到他的不容易，不但不会骂他，还很想给予他关爱。"

我赞赏地看着郑总说："这就是你的慈悲心升起来了啊！"

我知道，郑总以后不会受他人的负向情绪影响，遇到事情也不会轻易掉到负向情绪中了，因为他能感受到他人的苦难，并愿意帮助其拔出其苦。

我继续启发郑总："再来看看你那位员工的行为，丢了发票，为了不让你难做，为了承担责任，他主动交上辞职书'以死谢罪'。你觉得他到底是个负责任的员工，还是个不负责任的员工？"

郑总认真地说："心态上负责任的员工，但是行为没有效果。肖导，你以前在课上教过我的，现在我领悟更深了，谢谢你又让我拓宽了视野，我现在就回去，找到刚才被批评的员工重新处理一下。"

我说："愿意尝试新的可能去解决同一件事，而且有超强的执行力，我欣赏你！"

【案例分析】

遇到问题要先处理情绪，再处理问题。

问题的处理有很多方案，你一旦掉进了情绪漩涡当中，就减少了处理问题的智慧，甚至因为情绪坏了大事，还会伤人伤己、破坏关系。

本案例给了我们一个处理情绪的方向：升起慈悲心。

当我们升起了慈悲心，就能看到他人的不容易，尊重他人的正面动机，也就不会因为他人的情绪而影响自己，还会让我们变得善良、祥和。

慈悲心也可以用在自己身上。

当看到自己内心的苦难，看到自己不容易时，对自己也就柔软了很多，更容易接纳不完善的自己。

老板遇到员工犯错，升起慈悲心，不要掉在负向情绪中冲昏头脑，失去解决问题的能力和时机。

如果老板能做到在员工犯错后不发脾气，同时能看到犯错员工的情绪，给予员工更多关爱，这个时候再来处理问题，会容易很多。

当然，对犯错的员工，该批评教育的不能少，该接受公司制度处罚的不能纵容。老板能够顾念犯错员工的情绪和正面动机，其实已经保护了犯错员工的“人”，给予了他充分的尊重，批评和处罚的是他犯的“事”。

如果能够做到人与事分开来处理，哪怕是炒掉这位犯错的员工，也能让员工对老板和企业抱有感恩的心。

员工做错事没办法完全避免，而做错事后的自责、指责，或者挖空心思想着逃避责任，则对自己的成长没有帮助。

犯错后最有价值的，是面对错误，上报领导及时解决问题，并在解决问题的过程中成长起来。

网上有句话：若想成功，就要加快犯错的速度。虽然这句话有些偏激，但是犯错真的是成长必须要经历的。

【老板要做的】

1. 升起慈悲心，提升心量格局和思维高度。

2. 管理员工时，把人和事分开，给予员工足够的尊重。

【员工要做的】

工作中若出现错误，要勇敢面对，提高解决问题的能力，绝不允许再出现同样的错误。

【训练方案】

1. 观看一些悲情电影，训练感知他人痛苦的能力，让自己成为一个情绪通透的人。

2. 把员工犯的每个错误、老板的解决方案做成案例和成长路径，变成公司培训教材，组织员工定期学习，把错误留在学堂而不是市场。

成长手记	

员工把发票弄丢了（下）

把发票弄丢的员工叫马峰，是公司老员工，业绩很稳定，能力在公司算中上水平。

马峰很能吃苦，每天在一线走访客户，综合素质比较好。郑总很看好他，对他的印象很深刻。

马峰这次“马失前蹄”，丢了发票，错失了客户及时打款的时间。因为没有及时收到货款，郑总很被动，再加上马峰拿辞职说事儿，导致郑总大发雷霆。

郑总回到办公室，又让马峰过来。

马峰刚刚被骂了一个多小时，惊魂未定，听到郑总又让他去办公室，心里忐忑：不会接着挨骂吧？

郑总平时对员工挺好的，对马峰更是如此。马峰也知道这次是自己捅了娄子，被郑总骂也是意料之中。

马峰一直很感恩郑总对他的帮助，尽管不情愿，还是硬着头皮再次来到郑总的办公室。

马峰推开办公室的门，发现郑总脸上堆着笑容等着他，顿时愣在门口不知所措。

郑总喊了一声：“快进来坐。”

马峰这才走到办公桌对面坐下来。

一小时前把自己狂骂一顿，现在又带着这样的笑容让自己坐下，马峰一时间反应不过来，不知道该说些什么。

郑总主动开口说：“刚才我有点失态了。”

郑总是公司权威的象征，刚对员工发了脾气，意识到错误后马上转换态度，这对他有些挑战。不过，郑总还是做到了，虽然做得有些吃力，不得不说，他是位很有气度的领导者。

马峰听到郑总似乎在为刚才责备自己感到不好意思，马上说：“郑总，确实是我把事情搞砸了，你怪罪我那是我罪有应得，我自己都恨不得抽自己两巴掌。”

郑总听到马峰这样说，更感觉心头压抑，他已经完全感受到马峰的情绪了，对自己刚才骂了马峰一个多小时感到很自责。

郑总喝了口茶，也给马峰倒了杯茶，缓和了一下情绪说：“是我需要成长，刚才我的情绪没有控制住，全发泄在你身上了，我向你道歉。”

马峰很动容，他感受到了郑总的胸怀。一个能不顾面子，意识到错了能及时向下属道歉的老板，是值得信赖的老板，跟随着这样的老板一起成长，特别有盼头。

郑总继续说：“发票丢了，客户的款不能及时打进来，我们要面对问题，及时解决问题，而不是掉在发票丢了的情绪中指责和自责。”

郑总的一句话，把两人带到了成长的道路上。

“我已经妥善处理好了发票的事。现在叫你过来，是想和你总结一下，在这个事件中我们能成长些什么，”郑总说，“你在事情发生后，能及时反馈，这体现了你高效率的工作作风，公司需要你这样高效率的人才。”

马峰也从自责中走了出来，他跟随着郑总的引导，复盘这次事件，感觉自己的努力被老板看到了，就算是平常工作很辛苦，也是值得的。

郑总接着语气缓和地说：“你递来辞职书这个做法欠妥，遇到事情就想一走了之，这个处理事情的方式是无效的。”

马峰说：“是的，郑总。在刚才的批评中，我已经意识到了。不能因为害怕承担责任，而选择这样极端的处理方式。”

郑总欣慰地看到马峰意识到了自己的成长点，继续说：“发票丢了，你很痛心，为了让自己不痛心，你选择了对自己负责任的方式，用辞职来逃避痛心，这个心路历程我是能理解的。这个过程其实展示了你的负责任，说明你本质上是个负责任的人，只需要把这份负责任放大格局，用在‘你好我好大家好’的层面就好了。”

马峰感受到了郑总的支持，很感动地说：“郑总，我明白了，我是个负责任的人，只是选择的方法不妥，谢谢你的点拨。”

郑总看着马峰真诚地说：“你一直是个负责任的人，公司需要你这样负责任的员工。”

马峰内心充满了暖流。

郑总继续说：“刚才我骂了你一个多小时，这是我的不对。而你居然能承受我一个多小时的‘轰炸’，我感受到你是个很有气度的人，我要向你学习这份气度，这是领袖者的素养！”

就这样，郑总给予了马峰很多的心理营养，赋予了更多的价值。

这次复盘，让马峰从能力、素养和心理等多个方面得到了大幅度提升。

马峰带着满满的爱、满满的激情、满满的自信和满满的力量离开了郑总办公室，全身心地投入到了工作中。

【案例分析】

郑总给予马峰的欣赏，一方面是因为马峰本身素质卓越，更重要的是郑总的胸怀、境界和善良，这是每位老板修行的方向之一。

能够包容下属，并看到下属的卓越特质，唤醒下属内在的能量，是每位老板必须具备的能力之一。

老板要拿得起、放得下。比如郑总，意识到骂员工的方式没有效果，马上放下面子、放下无效的行为，拿起有效的方式立刻行动，这是老板们值得学习的。

【老板要做的】

1. 在公司没有系统性风险的基础上，力所能及地给予员工试错的平台，把公司打造成人才训练学校。

2. 包容员工犯错，不至于因为员工犯错而情绪失控。

3. 提升欣赏力，及时给予员工心理营养。

4. 带员工复盘，帮助员工在错误和失败中提升能力。

【员工要做的】

1. 感恩公司提供的舞台，感谢老板的支持。越是心怀感恩，越能得到贵人相助。

2. 任何时候，都要主动寻求成长机会，对自己的成长负起100% 的责任。

【训练方案】

列出曾经做过的错事，深度觉察在犯错的过程中呈现的卓越特质，把卓越特质活成本能。

<table>
<tr><td rowspan="4">成长手记</td><td></td></tr>
<tr><td></td></tr>
<tr><td></td></tr>
<tr><td></td></tr>
</table>

老板性格不好怎么办（上）

艾总的脾气不太好，动不动就骂家人、吼下属，他手下的员工流动很大，做不了多久就被他骂跑了。员工们在背后说他："艾总手下寸草不生，迟早成为孤家寡人。"

艾总虽然脾气不好，但是为人豪迈、真诚、大气，很多客户被他征服。所以他的生意做得挺大，就是没有一支稳定的团队，大多数事情都要亲力亲为，这是他最大的苦恼。

跟艾总最久的员工是行政部经理江涛，已经两年多。江涛知道许多爱发脾气的人是善良的、正直的，因为喜怒哀乐都写在脸上，说话做事直截了当，反倒很好相处。

于是江涛和艾总成了很好的搭档，他私下里做了很多同事的工作，呼吁大家多理解艾总。艾总也知道江涛做了很多工作，很感激他。虽然江涛极力呼吁，然而效果并不好，最后公司留下来的只有江涛一个人。

艾总有自知之明，知道根源在自己身上，只是没有办法搞定自己。

公司越做越大，企业发展需要人才，留不住核心团队肯定不行，艾总意识到只有借助外力，才能事半功倍。后来，他经朋友介绍学了我的课程。

第一次和艾总单独沟通是在我的办公室，他坦诚地说了自己是暴脾气，无助地问我："肖导，我也不想骂员工，只是控制不住，骂完了我又自责，很后悔，有什么办法能治我这个毛病？"

艾总讲话声音太洪亮，语速很快，平常讲话就像吵架似的，我听起来很不舒服，就想引导他体验不同的语调和语速。于是我压低语调，放缓语速说："艾总，淡定，有办法治，主要是看你要不要治！"

艾总受我的语调和语速影响，果然缓和了很多，紧锁眉头说："有得治当然要治！我也一直在压制，可是控制不住，毕竟江山易改，本性难移。"

我继续用着低语调和慢语速挑战艾总："那你到底有没有决心治呀？"

艾总听我这样一问，马上大声豪爽地说："有决心！"

三个字说出来，震得我耳朵嗡嗡响。

我揉了揉耳朵，委屈地说："你说话声音小一点，要不我还没把你治好，先把我自己搭进去了。"

艾总尴尬地笑了，我示意他平复一下："你又没有真的生病，只是认知上有局限，只要你有决心，只需三个疗程就可以治好你的问题。"

艾总一听："真有得治？太好了，我太有决心了！"

看来艾总也深受自己脾气暴躁的困扰，听说有机会调整，整个人都显得特别兴奋。

我思考片刻后说："今天是第一疗程，先从性格说起。你刚才说‘江山易改，本性难移’，也可以理解为‘江山易改，本性可移’，只是‘移’的困难比较大，你仔细思考一下。”

艾总按我的要求仔细思考，嘴里嘟囔着说：“本性难移是指本性可移，意思是人的性格是可以改变的。”

我接着他的话说：“是啊，你以前的认知是人的性格不可以改变，拿‘江山易改，本性难移’来催眠自己是一个这样的人，没得救了。你有留意到吗？”

艾总恍然大悟，说：“我明白了！怪不得肖导刚才说我的认知有局限，我一直认为人的性格是天生的，改变不了，一直苦恼自己的性格不好。只有我自己突破‘人的性格不可以改变’的认知，相信人的性格可以改变，才有机会改变性格。”

我听到他的总结挺欣慰，看来上了我的课程后，眼界拓宽了很多。

我认可地对他说：“是的，你理解得很对。你若死抱着‘性格不能改变’的信念，谁也救不了你。只是，我也不是让你去改变性格，而是调整到有效果的性格。”

艾总疑惑地说：“什么是有效果的性格？”

我解释说：“人的性格是天生的，但也是后天修炼的。性格没有好坏，每一种性格都有优势，也有劣势，优势和劣势是相对的。有效果的性格就是能帮你达成目标的性格，让身边的人感觉很舒服的性格，毕竟有效果才是硬道理。所以你说自己‘性格不好’的认知也是个局限。”

艾总琢磨了一会儿说：“性格有优势也有劣势，具体指的是什么？”

为了让艾总更容易理解，我在网上找了个小段子：“有个研究性格的学问叫‘九型人格’，网上有‘九型人格的优势和死法’对照表，我分享给你看看，你就可以理解了。”

九型一号：追求完美；但是因为过于挑剔，容易被气死。

九型二号：乐于付出；但是因为毫不利己，容易委屈死。

九型三号：目标感强；但是因为追求名利，容易累死。

九型四号：特立独行；但是因为负面情绪化，容易自己作死。

九型五号：喜欢思考；但是因为要详细分析解剖，容易想死。

九型六号：小心谨慎；但是缺乏安全感，容易吓死。

九型七号：热爱挑战；但是追求刺激，容易意外死。

九型八号：顾全大局；但是刚愎自用，容易战死。

九型九号：待人友善；但是听天由命，容易无聊死。

艾总把这个小段子读了好几遍后说：“我明白了，每种性格都有两面性。肖导教我们‘以终为始’，遇到任何事情，只需要以结果为导向倒推，哪种性格有效果就呈现哪种性格，是这样吗？”

我很佩服艾总的悟性，竖起大拇指对他说：“是的，只是这个段子只能帮助你理解人的性格各有不同，它不是权威性格学，你得持续跟我系统学习，丰富这方面的知识。先接受我第一阶段的训练吧，你觉得如何？”

艾总骄傲地说：“没问题，肖导放马过来吧！”

看到他好像要去上战场似的样子，我笑着说：“先总结第一个疗程：拓宽了你的两个认知，一是性格是可以调整的；二是性格没有好坏。”

艾总说："清晰了。"

"训练方法：做一个性格优势和劣势对照表，用一周的时间，把你和每个人互动过程中呈现的性格填入这个表中。注意事项：不要试图改变自己，只需要真实地填入这个表中，一周后带着表格来找我。"我担心他偷懒，做两天就不做了，所以很严厉地对他说。

艾总用本子记下我布置的训练，郑重地说："谨遵医嘱！"

我被他逗乐了："你病得不轻，好好吃药。"

就这样，我在艾总心里成了一名医生。

【案例分析】

人类的性格很复杂，有很多种类，可以在各种性格中以效果为导向自由转换，这是生命的宽度、厚度和韧性。

我们一直在调整性格去适应环境。要不在适应环境中被动转换；要不经过专业训练后有方向、有策略地主动转换。不能游刃有余地转换性格就是"任性"，市场竞争中，由不得我们任性，只能不断提升适应的能力。

性格没有好坏之分，每种性格都有优势，也有劣势，而且优劣势是相对的。不同的环境下，追求的效果不同，性格的优劣势就会变化。

不要帮自己和别人的性格贴标签，而要掌握每种性格的优劣势，以效果为导向去自由转换，这才是老板成长的方向。

【老板要做的】

1. 自我觉察限制性信念。比如：人的性格是天生的，改不了；我的性格不好等。不能因为这些信念，失去了成长的可能。

2. 有能力在不同性格中自由转换，适应不同的市场环境和人际关系。

【员工要做的】

理解老板，同时帮助老板凝聚团队。任何时候，不抱怨，不传播负面情绪和言论。

【训练方案】

1. 找一门适合自己的性格学学习，了解人类的性格。

2. 觉察自己包容不了的性格，看到这些性格的优势，尝试突破包容心。

成长手记	

老板性格不好怎么办（下）

一周后，艾总拿着“性格优劣势对照表”兴高采烈来找我，我好奇地问：“艾总，发生什么事了，这么开心？”

艾总哈哈大笑：“肖导，我每天认真地填这个表，填着填着，我发现优势和劣势可以转换，这件事上的优势可能在另一件事上就是劣势；这个时候的劣势在其他情况可能变成优势，于是我就不再自责自己性格不好了。”

看到艾总成长后的喜悦，我也替他开心，竖起两个大拇指说：“你太有悟性了，都知道性格的转换了。”

艾总听到我的表扬，挠挠头，不好意思地说：“是领悟了那么一点，要是能收发自如就好了，这都是事情发生后想到的。”

我白了他一眼，说：“你还想一口吃个胖子？才接受训练一个星期，能有这样的感悟已经很不错了！”

艾总说：“看来我是太心急了。”

我拿起艾总填的性格优劣势对照表，认真看了一遍，然后说：“我们来总结一下你上周的成长，性格的优势和劣势是相对的，不是固定不变的，先要对优劣势有觉察，然后以效果为导向自由转换，为我所用，就可以驾驭性格了。所以，性格没有好坏之分，也是可以调整的。”

艾总听完后深深地点了点头，说：“经过一个星期的训练，我已经深刻体会到了。我以前一边讨厌自己的性格，一边催眠自己‘性格是没办法调整的’，一边又和自己的性格对抗，自找苦吃很多年！幸好遇到肖导，马上给我进行第二阶段的治疗吧！”

我在艾总心目中，看来是挥不去的“医生”形象了。

看着艾总急切地想要成长，我笑着对他说：“好吧，进入第二个阶段。上周你找我的时候说‘你脾气暴躁，经常骂人，想控制但控制不住，所以你觉得自己性格不好’，是这样吗？”

“是的。”艾总确认。

“上周，我们讨论的是性格，拓宽了你关于性格的认知。本周，我们就从情绪开始入手。‘脾气暴躁’是愤怒的情绪呈现的状态，你多年来一直选择用愤怒的情绪呈现自己，你觉得‘愤怒’的情绪有什么好处？”

艾总一听，有点懵：“愤怒还能有好处？”

我笑着说：“性格都能有优劣势，情绪当然也有了。要是没有好处，你会多年来选择这样的应对方式吗？情绪是一种能量，你要深入了解才能运用这种能量。能量本身没有好坏，只是很多人用负向情绪产生的能量搞破坏了，所以就觉得负向情绪不好。”

艾总沉思了一会儿，说：“我以前认为愤怒不好，脾气暴躁会伤人伤己，这个认知是有局限的，因为愤怒也有它的好处。如果我能看到愤怒的好处，就不用去控制愤怒，而是运用愤怒，是这个意思吗？”

我微笑点头说：“是这个意思，艾总确实悟性高！那你说说，愤怒都有什么好处吧。”

艾总没头绪，想了很久后才皱着眉头说："愤怒，可以让别人不敢欺负我。"

我鼓励他说："是的，这是一个好处，继续想。"

艾总说："肖导，想不出来了，我能百度一下吗？"

没想到艾总还是个时尚达人，居然能想到去百度。

我点头示意可以，于是艾总一边百度一边记录。他最后总结出很多愤怒的好处：对威胁和危险能快速做出反应并主动消除；让人亢奋，产生更高的行动力；可以让人们打破常规；可以让人们捍卫界限，做个人格独立的人……

等艾总找出一堆愤怒的好处后，我带出了让艾总成长的方向："愤怒好不好？"

艾总开心地说："好！"

我挑战他说："那你还控制、对抗吗？"

艾总说："不控制、不对抗了。"

艾总又想了一下，疑惑地问我："肖导，不控制、不对抗，那要怎么办呢？"

我看着艾总说："处理情绪的方法很多，这就是你第二个阶段的训练：觉察能力，用觉察的方法处理情绪。什么是觉察呢？就是刻意、有意地看见，看见愤怒的情绪，以及这个情绪产生的坏处和好处，你做一个'情绪觉察表'，用一周时间把每次愤怒的坏处和好处都记录下来。"

艾总说："好的，记录下来之后要怎么办？"

我说："能记录下来，说明你已经觉察到了。记录下来后什么都不用做，简单记录就可以了。当你能看到坏处和好处，聪明的人会自动做出选择。”

艾总疑惑地问：“记录下来后什么都不用做？”

我说：“是的，什么都不用做。试想一下，如果你能看到‘愤怒’正在伤害你，你会怎么办？”

艾总说：“我当然会停止伤害了。”

我说：“你同时又能看到愤怒的好处呢？”

艾总说：“那我肯定是有好处才愤怒了。”

艾总说完这句话，自己猛地醒悟：“哎呀，我明白了！我之前看不到愤怒的好处，只是局限地认为愤怒只有坏处，所以一直在对抗愤怒；现在能看到愤怒的好处，就有了选择。如果有好处，可以选择性去愤怒，这就是对愤怒的运用了吗？”

我听后哈哈大笑说：“真有你的，思维这么敏捷！”

艾总也笑着说：“我回去就按这方法训练。另外，其他的情绪也可以用这样的方式处理吗？”

我说：“是的，举一反三，每一个情绪都有正面动机，都体现了卓越的特质，都有其价值；每个情绪都是一座宝藏，用心挖掘，就能获得巨大的财富。”

艾总听完后，叹了口气说：“我和自己的宝藏对抗了几十年，居然不知道去挖宝藏，真是好蠢啊！”

我语重心长地对他说：“是啊，艾总！我们可以说是先觉醒的人，还有很多人需要我们去支持他们。”

艾总看着我，坚定地表态说：“肖导放心，我一定向你学习，点亮他人的生命，成为他人生命的贵人！”

艾总是个行动力超强的人，回去后第一时间就找了高管团队开会，开门见山地说：“这次召集大家来，是想请大家帮帮我。”

大家面面相觑，艾总还是第一次开口让团队帮助，也是第一次用这样的口气说话。

艾总说：“大家都知道我是暴脾气，其实我也不想，我控制了很多年也没有控制住，对此我感受到无能为力。每次发脾气后伤害了大家，我内心也感到很懊恼，这么多年，让大家受委屈了。”

艾总一句话，拉近了与团队的距离。大家以前只是觉得艾总很霸道，今天突然感觉艾总也挺可爱的。

艾总继续说“暴脾气的坏处，我自己心里很清楚。经高人点拨，我才知道暴脾气也有好处。今天让大家来，就是想请你们帮我分析一下，暴脾气对工作有什么好处，当我知道这些好处后，也就不会对抗暴脾气了，甚至不会轻易地生气了，还请大家帮帮我。”

艾总在百度上找到的是愤怒的好处，让团队以头脑风暴的方式，帮自己找到暴脾气在工作中的好处，这真是一举数得。

高管团队感受到了艾总的诚恳，以及对成长的热切，很是感动。感受到了老板的格局，大家觉得，跟这样的老板干活特别带劲。

行政部经理江涛最了解艾总，他带头说：“在工作中有很多好处，比如魄力，这是做老板必须要具备的素质之一。”

江涛把话题打开，大家都开始说出自己的看法，总结出了暴脾气在工作中的好处：执行力，只要艾总发脾气，问题瞬间得到解决；坦诚，整个公司没有人钩心斗角。

艾总听得非常认真，把大家的分享都记在了本子上。没有想到的是，自己成长一点点，团队的变化会如此大，这种爱与支持的温暖还是第一次感受到。同时，艾总也惭愧，发脾气伤害了很多人。以前没有别的选择，只会发脾气，现在从性格、情绪上都有了选择的可能性，看到团队每个人的真诚，艾总暗下决心：以后一定要“温柔”地对待同事，并请同事成为自己成长的镜子。

【案例分析】

情绪是一种能量，是人类进化的产物，所以情绪有其重要的价值，每个情绪都蕴藏着丰富的宝藏。不要对抗情绪，而是了解情绪、探索情绪和运用情绪，让情绪成为你成长的契机、达成目标的能量。

【老板要做的】

1. 成为情绪的运用者，而不是情绪的受害者。

2. 在员工面前承认自己暂时无能为力，不要把能量消耗在强撑上。

3. 建立亲和感，搭建信任平台，和员工心与心地交流。

【员工要做的】

成为老板成长的一面镜子。

【训练方案】

设计《情绪觉察表》，每天把所有呈现的情绪记录下来，思考每个情绪背后的价值，当对情绪的价值深入理解后，就能用好情绪的能量了。

成长手记

成长手记	

老板如何管理是下属的儿子

有位东莞女企业家，在东莞五金行业小有名气，大家都称她为娇姐。

娇姐带着自己的200多名员工很是得心应手，可是面对自己28岁的儿子却感到束手无策。最让娇姐苦恼的是，自己唯一的儿子王瑞是自己的下属，公司的绩效考核对他来说基本没用。

王瑞大学毕业后，进过企业打工，做过小项目的创业，都以失败告终，窝在家里两个月，不愿意出去再找工作。娇姐感到无奈，才把儿子带在身边，安排在公司上班。

娇姐公司是做五金的，王瑞学的是电子商务专业，而且性格内向，不喜欢在工厂里面，公司并没有适合的岗位。娇姐不想看着儿子天天在家不出门，就安排他在公司人事行政部，想着让他过渡一下，先有份事儿做。

人事行政部负责公司的绩效管理，而王瑞自己连基本的考勤都做不到，不是迟到就是早退。其他同事都看在眼里，已经影响到了工厂的严谨性，娇姐一点办法都没有。

本来想着只是过渡，结果一待就是大半年，王瑞也不去找新工作，也不在公司处理同事关系。别人介绍对象也心不甘情不愿，说是在上班，实际上就是在混日子，简直像是行尸走肉。

娇姐软硬兼施，把自己会的十八般武艺全用了一遍，也没能让王瑞成长。

就这样，娇姐天天面对作为下属的儿子，脸上愁云密布，心思全在儿子身上，无心打理公司。

公司业绩持续下滑，儿子也没有管好，心力交瘁的娇姐走进了我的课堂。

娇姐参加完我的课程后留了下来，很无助地对我说起她的儿子："我儿子小时候很聪明，不知道从什么时候开始变得不爱讲话。我对他说什么，他都一副很听话的样子，然后却什么都不去做。感觉儿子没有一点男子汉的阳刚之气，这让我很愤怒。"

我听到一位善良的母亲说起对儿子的愤怒，心里很难过。望子成龙、望女成凤也许是天下父母共同的心愿。现在娇姐把管理企业和管理儿子混在了一起，两边都没有处理好。看到娇姐的憔悴，我思考了一下支持的方向，期待她能尽快走出自己的困惑。

我问娇姐："你过去是怎么教育自己孩子的？"

这个问题抛出来，没想到娇姐特别有兴致，用了一个多小时，把过去如何教育孩子的过程详细说了一遍。我尝试打断话题都没有成功，只好耐心听她说完。

其实这一个多小时，我听到的中心思想就是：把儿子当公司的高管来培养。现在儿子成了公司的高管，娇姐又想让儿子回归。

突然挺可怜王瑞的，从小到大，他的世界只有老板，没有妈妈。

这让我的心情很沉重，因为不是只有娇姐才会把"老板和老妈"的角色混在一起，不少老板回到家里也是位高权重的领导，角色没有转换，造成了父母角色的缺失。

我看着娇姐的眼睛，认真地问她："娇姐，听你说了这么多，意思是你过去对孩子的教育方式，并没有达到理想的效果，是吗？"

我并没有和娇姐解释关于角色的缺失和转换的理论，感觉她什么都知道，就是不知道"向内看自己"，不懂得"我是一切的根源"。这么多年来，她所有的努力就只有一个方向：改造儿子。所以我单刀直入，直接让娇姐向内拷问自己的内心。

娇姐愣了一下，说："好像是。"

我逼着娇姐面对现实："是好像是，还是结果就是？"

娇姐艰难地说："结果就是。我教育他的方式，是失败的。"

感受到了娇姐内心的苦涩，在儿子身上倾注了太多的心血，结果却是失败的，是谁都会很难面对。但是不得不面对，否则就没有进步的开始。

我继续问娇姐："既然你已经意识到过去的教育方式没有达到理想效果，那要调整到什么样的方式，才能有效支持你儿子呢？"

我把思考方向转换到调整解决方案上，没有就过去做纠缠。

娇姐听到我的问题，陷入了沉思 过了一刻钟，缓缓地说："我不应该包办太多；我应该先和他交朋友；我应该回归到妈妈的角色，多一点关心、爱护……"

我继续启发娇姐："对待下属和对待儿子，培养方式一样还是不一样？"

娇姐眼睛亮了起来，有所感悟地说："当然不一样，但是我把培养方式弄成一样的了。"

我欣慰地看着娇姐说："能量回归到你自己成长上，任何时候，你都值得过幸福的生活；而你儿子已经28岁了，有他要走的路，有属于他的幸福。你回归到母亲的位置给予爱，他的生命力就更强了。"

娇姐终于放松了下来，脸上也展开了笑容，感激地看着我说："我放弃像管理员工一样管理儿子，其实是放过我自己；儿子不再被我管控，能量场自然也就回归了；我能包容儿子现在的样子，也就不再抱怨他这不好那不好，也就可以给予他鼓励和欣赏了。谢谢肖导，我明白了。"

【案例分析】

我们每天都在各种角色中转换：父母、儿女、领导、员工、客户、供应商……不同的角色有不同的责任。对角色实时觉察和转换，避免混在一起，让自己做好每一个角色。

【老板要做的】

1. 老板经营企业的目的是盈利，一切经营行为都必须围绕盈利展开，不能感情用事。

2. 老板回到家里，需要放下老板身份，回归到家庭身份，享受天伦之乐。

3. 老板不要串了员工的位，把员工该做的做了，老板该做的反倒没有做。

【员工要做的】

1. 为自己的选择负责，哪怕是老板的儿子，当你选择了这个工作岗位，也要尽心尽力去做。

2. 如果你是老板的亲戚，更要高度自律。和老板有亲戚关系、老板信任你，并不是你偷奸耍滑和蛮横的资本。

【训练方案】

把日常扮演的每个角色的界线清晰地列出来，时刻觉察哪些该做，哪些不该做。保持清醒的头脑，为自己的角色负 100% 责任。

成长手记	

不应该帮忙吗

姜总和她老公杨总一起做建材生意，虽然建材生意越来越不好做，但是每年也能赚 100 多万元。夫妻俩培养两个孩子，小日子过得还算红火。

姜总的亲弟弟也在帮忙打理生意。工作之余，弟弟喜欢打麻将，一开始打得小，后来越打越大，直到把房子输掉了，还欠了 20 多万元的赌债，把全家人都吓傻了。

姜总回到娘家，看见年迈的父母一筹莫展，弟弟垂头丧气，简直心如刀绞。

为了让父母安心，姜总决定帮助弟弟渡过难关，先把 20 多万元的债还上。输掉的房子暂时没有能力赎回来，只能让弟弟租房子生活。

姜总本来以为这件事和平解决了，可是杨总提出了异议，很生气地对姜总说："你作为亲姐姐，帮弟弟还赌债也没什么，只是你不能光帮他还债，不帮他成长啊！你怎么保证下次他不会再去赌？"

姜总很郁闷地说："怎么可能还赌啊？都输得倾家荡产了，而且我都让他写保证书了。"

杨总无奈地说："那公司也该有个制度吧，像这样的员工，难道不用炒掉吗？你别忘了，你还是他的老板呢！”

姜总没好气地说：“那是我亲弟弟，怎么炒啊？他现在饭都没得吃了，炒掉了他吃什么啊！”

杨总深深地看了爱人一眼，摇了摇头，不再讲话。

就这样平淡地过了三个月，姜总也没有说让弟弟还赌债的事，害怕弟弟经受不起打击，甚至偶尔给他一些零花钱。

一天早上，姜总没有看到弟弟来上班，正疑惑的时候接到妈妈的电话。妈妈说：“你弟弟又被人追赌债了，债主把家门口都堵住了，这次欠了 50 万元。”

杨总听后虽然愤怒，但是没有失去理智，他看见爱人瘫软地坐在沙发上，满脸的眼泪，心疼不已，拥抱着她安慰说：“事情已经发生了，你也别难过了，好在也只是用钱就能解决的问题。”

姜总终于哭出声来，断断续续地说：“我帮弟弟，难道帮错了吗？他怎么还是死性不改！”

无助、委屈、郁闷和愤怒同时在姜总心头升起，让她身体有些发抖。一位出嫁的姐姐为了娘家付出太多，努力平衡着家庭关系，真的很不容易。

好在杨总是位很有见识的人，他给爱人倒了一杯热茶，很肯定地对她说：“你对弟弟的帮助没有错，因为这是你的亲弟弟，父母又年迈，你不帮谁帮啊？只是你帮助弟弟的方法没有用对，因此要好好总结一下，怎样的帮助才是有用的。”

姜总慢慢平静下来，说：“那你帮我总结一下，要怎么样才能帮助我弟弟呢？”

杨总说："一方面要帮助他成长；另一方面炒掉他，让他自力更生。上次我已经告诉你要这样了，只是你听不进去，我又不忍心让你难受，就只好和你一起承担这一切了。"

姜总内心又感动又内疚。

杨总看到爱人的状态非常差，心疼地说："你不要自责，你得划分好责任。你弟弟赌博输钱，到底谁要负 100% 的责任？"

姜总带着对弟弟的愤怒说："当然是他自己要负 100% 的责任了，他造的孽，他不负责谁负责？"

杨总无奈地说："你既然知道是弟弟要负 100% 的责任，那你干吗要在心态上、情绪上为他埋单呢？难道这就是关心他的表现吗？"

姜总有些茫然。

杨总继续说："你用钱为弟弟埋单也就算了，还在用情绪为弟弟埋单？我们自己的日子还过不过？生意还做不做？"

连续的问题冲击下，姜总冷静了下来。

其实姜总明白，每个人都要承担自己的责任，赌债是弟弟欠下的，责任是弟弟自己的，这是责任者。而她承担了不该承担的责任，把弟弟该承担的责任给承担了，没有让弟弟承担他自己的责任，这不是拯救者。

弟弟的屡教不改，以及爱人的开导，让姜总彻底明白，对弟弟真正的帮助，不是帮他还赌债；不是帮他找份事做，混口饭吃；不是给他零花钱；不是为了他的事痛苦难过。而是帮助他自己去承担责任；帮助他成长起来；帮助他面对人生的过去、现在和未来。

原来帮助一个人，是需要大智慧的。

姜总感激地看着爱人。

杨总微笑着说："我知道你是负责任的女人，这也是我爱你的原因之一。你帮助弟弟，照顾家里人，我都很支持。只是现在，你必须把能量收回，先把我们自己的日子过好，把公司经营好，要不然也没有能力帮助弟弟。"

感动的眼泪从姜总的脸上流了下来，她深深地吸了一口气，坚定地说："我知道了，不管是作为姐姐，还是作为老板，我之前真的做错了。谢谢老公的包容和支持，你让我知道了帮助一个人的智慧。自助者天助之，帮助别人，原来是需要唤醒别人的自助啊。"

【案例分析】

帮助他人，不是简单粗暴地把他人该做的事给做了，而是唤醒他的自助、良知以及感恩等。

如果让他人感觉到你的帮助是应分的，理所应当的，这份帮助就变成了害人。

正所谓，授人以鱼不如授人以渔，不管是企业还是家庭，都要以成长为导向去帮助他人。

【老板要做的】

1. 老板和员工存在爱情、亲情和友情时，需要更大的格局和智慧来管理企业。老板和员工的关系要界定清晰，以免在管理的时候陷入混乱的人际关系中。

2. 老板在帮助员工时，要以成长为导向，少一些说教，多一些启发。

【员工要做的】

觉察“托付心理”，该自己负责的，主动站出来承担，别想着有人为你承担，自己就逃避责任。

【训练方案】

检查对照工作职责，明确自己的责任，分析自己的能力是否胜任现在的岗位。如果不能胜任，马上列出成长规划；如果能胜任，尝试挑战更大的责任。

成长手记	

小姑子惹得我无心工作

范总在上海做服装生意，在上海买了房，父母和她们住在一起，帮她带孩子。

因为各种原因，30多岁的小姑子也长期住在她家。

在范总的信念中，觉得小姑子30多岁了，该嫁人就去嫁人、该工作就去工作，总不能天天住自己家。自己赡养父母已经很不容易了，还要养着小姑子，这让范总觉得非常无奈。

看着小姑子在家无所事事，范总心理不平衡，就把小姑子安排进公司的采购部。然而小姑子并不喜欢，也不擅长做采购，只是暂时没有事做，嫂子又有这样的安排，所以在采购部待了下来。在这样的情况下，小姑子的工作效率很低，偶尔还会出错。

范总骨子里认为哥哥嫂嫂不能养着30多岁的小姑子，于是看小姑子各种不顺眼：比如不讲卫生；喜欢向父母打小报告；没有上进心；不爱社交；工作马虎……总之一提起小姑子，范总就感到非常郁闷，甚至严重影响到自己的工作。公司业绩也因为范总的心情低落、无心管理而下滑。

做事业最怕的就是能量被消耗，身体的疲惫不算什么，心里的累才是真的累。

范总知道自己没有能力帮助自己解脱，身边的朋友也没有能帮助自己的，一次偶然的机会，她走进我的课堂，希望透过外力来解决现在的困扰。

我听完范总的描述，深刻理解她的苦衷，感受到她心里的累。“既然你那么不喜欢小姑子住你们家，那让她离开就好了，何必如此纠结？”我奇怪地问道。

我不问还好，这一问，更是让范总苦不堪言：“我也想让小姑子搬出去，可是我老公非常疼爱妹妹，公公婆婆也不忍心把唯一的女儿赶出去。我一提，就变成全家的公敌了，我能有什么办法呢？”

果然家家有本难念的经啊！

范总很愤怒，很无助。

要了解更多的情况，才能更有效地帮助她，于是我继续收集资料：“你想让小姑子搬走这事儿，她知道吗？”

范总一听，愤怒中多了委屈：“我哪儿敢和她说，在家里也不能表现出想让她搬走，要不然显得我这嫂子多小气啊！我把她安排在我公司的采购部，采购部经理和我说几次了，说这人做不了什么事，很简单的事都能做错，要求我换人。我一想，她又不出去找工作，炒掉她，难道继续回到我家白吃白喝吗？”

我有些无奈，这大概就是死要面子活受罪吧。

想了一会儿，我理出了支持范总的方向：“我们对他人总是会有期待，特别是生命中重要的人，就是想让他人为我们做事。只是这个期待是我们对他人的要求，而他人并没有义务一定要满足我们的期待，所以我们可以对他人有期待，但是要为自己的这份期待负责任，不能强求他人一定要满足我们的期待，范总你认可吗？”

范总点头说：“认可，这毕竟是自己的期待。”

我重新梳理了她的想法：“从你上面的描述中可以知道，你只是觉得小姑子30多岁了，应该有自己的生活，应该去社会上锻炼一下自己，应该为自己的人生负起责任。本质上你并不是讨厌小姑子这个人，而且你希望父母、哥哥都能支持她自立起来，是这样吗？”

范总立刻说：“对对对，就是这个意思，她人还是挺好的，就是有些行为我看不顺眼。我也不是说不愿意养着她，就是感觉30多岁的人，一家人还如此溺爱，这人成长不起来，就会与社会脱节。”

我点头表示肯定范总说的话：“你看你的发心多崇高啊，你又没有坏心思。你为什么不能直接把你的发心向全家人表达呢？”

范总说：“是啊，我确实是想为她好，为全家人好，我以前光表现出对她行为的不满，没有呈现出为她好的发心，我应该让全家人知道我的发心。”

我看到范总渐入佳境，继续说：“你表达了发心，让全家人理解你，以后你就可以表达你对她的期待，提出具体的行动。比如公司补贴部分房租，让她搬出去住；大家一起帮她找份更适合的工作……当然，你提出的期待是你自己的，不管家人支持还是反对，都要为自己的期待负责，不能因为他人没有满足你的期待而生气。”

范总眼里出现明亮的光泽，高兴地对我说：“知道了肖导，我可以表达发心，表达期待，并为自己的期待负责任，和全家人协商解决问题。”

范总的思维拓宽了，很快就看到了解决问题的方向。

我继续启发范总:“关于你安排小姑子去你公司做采购这件事，这对一个老板来说……”

我没有继续说下去，给范总反思的空间。

范总尴尬地说：“知道了肖导，老板用人，不能这么做，回去后我会做出适当的调整。”

看到范总在我的支持下释怀、成长，我特别自豪，开心地对范总说：“你是有大爱的女人，一心为全家人考虑；你也是明智的老板，看到无效果的行为，能马上做出调整。我相信，你一定会阖家幸福、事业蓬勃的！”

【案例分析】

生命中重要的人，是我们要去关心和付出的。然而现实生活中，我们可能并没有表达出自己的关心和付出，而是对他们有很多期待，想让他们必须满足这些期待。如果期待得不到满足，我们就会有各种情绪产生。

说到底，是因为自己的心智不成熟，不懂得表达发心，又不能为自己的期待负责而已。

如果这种期待他人能达到自己要求的心智是在老板身上发生，那老板的能量场可能会被消耗到根本无法工作。

本案例帮助老板觉察心智，是否因表达发心而造成困扰，是否因期待落空而消耗能量。

另外，老板识人、用人，需要非常严谨，发心要正，评估要科学。选错一个人，对企业的伤害可能是致命的。

【老板要做的】

1. 表达发心；塑造愿景。

2. 为自己的期待负责。

3. 有效果的表达，邀请他人满足期待。

4. 建立严谨的选才机制。

【员工要做的】

如果对老板的期待落空，可以透过有效果的渠道表达，切忌抱怨、消极怠工。

【训练方案】

1. 把对他人的期待一一写下来，挑出落空的期待，觉察面对落空的期待有什么情绪，为这份期待和情绪负起责任来。

2. 把生命中重要的人对自己的期待一一写下来，把能够满足的和不能满足的分类。能够满足的，及时行动去满足；不能满足的，给出解释，并做“为自己期待负责”的教育。

成长手记	

我的财务总监是老婆大人

张总和爱人共同创业，经过十多年的打拼，有了一家体量不错的公司，张总是董事长，爱人是财务总监。

2019 年公司生意不错，张总少说赚了 1000 万元纯利润。按理说带着一年的成果回老家过年应该很幸福才对。可是张总高兴不起来，因为和爱人闹离婚，搞得两个家族鸡犬不宁。

春节后，张总到我办公室拜年，我才了解到具体情况。两夫妻并没有原则性的问题，而是因为价值观不同，无法沟通导致的争吵。

离婚已经闹了几个月，严重影响了事业发展：2020 年的规划没有做；高管团队看到老板和老板娘闹腾离开了一半；因为内耗，张总管理松懈，业绩已经下滑。

张总有些垂头丧气，和老婆的价值观严重不同，捶胸顿足地数落着爱人的罪状：

1. 小气，张总要给管理团队多发些年终奖，已经把话说出去了，爱人就是不肯出钱；

2. 磨叽，张总雷厉风行，嫌爱人做事拖拉；

3. 唠叨，张总犯一点小错，爱人就说个不停，而且还当着管理团队的面数落张总；

4. 情绪化，张总爱人动不动就生气，不管因为什么生气，都会投射到张总身上，找张总麻烦；

5. 不讲卫生，公司是 5S 管理，但财务部的卫生从来都是乱七八糟；

……

我实在听不下去了，一个大男人，偌大公司的董事长，数落起爱人居然一套一套的。

我打断张总的话："你们夫妻也算是风雨同舟、患难与共了，你说的这些缺点，难道结婚以前没有吗？"

张总说："以前应该也是这样，只是以前就只有我们俩，天天忙着生计，没时间考虑，所以问题没有爆发出来。"

我没好气地说："以前没爆发是因为没时间考虑；现在爆发了是因为时间多了，闲的吗？"

我算是听明白了，随着事业越做越大，工作方式发生了很大变化，两夫妻没有同步成长。张总和爱人成了彼此的差评师，在一些没有标准的事情上，各自设置了自己的标准，并拼命证明自己是对的。

看到一个大老爷们成为怨男的样子，我感觉啼笑皆非，不禁感慨：真是当局者迷啊！

我思考了一下支持张总的方向后，开始了引导性发问："张总，你觉得同一件事，男人和女人的看法一样吗？"

张总毫不犹豫地说："当然不一样！"

"比如衣服，男人看到别人和自己穿同款的衣服，和女人看到别人和自己穿同款的衣服，观点有什么不同？”为了让张总区分得更清晰，我举例让张总觉察。

张总想了一会说：“大多数男人会觉得找到了知音，碰到了志趣相投的人；大多数女人会觉得撞款了，真倒霉。”

“男人和女人对待家庭的观念相同吗？”我继续举例问张总。

张总思考了一会儿，说：“也不完全相同。大多数男人想着赚钱养家，孝顺父母；而大部分女人，心里只有自己的小家，爱人和孩子是她的全部。”

紧接着，张总补了一刀：“我爱人就是这样的，太小格局了。”

我听到张总对爱人的评判，微微皱眉说：“你爱人心里只有你和小孩，只有你这个小家，她错了吗？”

估计张总从来没有从这个角度考虑过，愣了一下，说：“虽然格局小了点，但是并没有做错。”

我继续引发张总思考：“再来看看如何使用钱，男人和女人花钱的方式完全一样吗？”

张总痛快地回答：“那当然不一样，我有钱了就想着给团队多些福利，我爱人就喜欢存钱。”

“那你爱人做错什么了？”我直接问道。

张总有些尴尬地说：“也没有做错什么。”

经过几个例子的引发，张总已经意识到了男人和女人，又或者人与人之间的想法和做事方法是不一样的。

我快速地问张总：“既然你知道男人和女人在大多数情况下不同，那你能允许爱人和你的想法不一样吗？”

张总想了一下说：“那必须允许啊！每个人的想法不同，这不是正常的吗？所以我们要尊重每个人的价值观。”

当张总说完这句话，立马看着我说：“肖导，你是说，让我尊重并允许爱人的想法和我不一样？’

我笑看着张总没有说话。

张总苦笑着说：“可是……”

我看他吞吞吐吐，就插话说：“可是什么？可是你心里容不下你爱人的行为，不允许她不按你的标准做事，是吗？”

张总脸色有点涨红，想说话又没有开口。

我语气强硬、声调略高地说：“你刚才数落的几大罪状，全部是你自己设置的标准，要求爱人去执行。当然，你爱人也设置了自己的标准在要求你。而你们所涉及的事件，是没有标准的，只是男人和女人本能的不同。所以，你觉得幸福的婚姻，是追求共同价值观重要，还是你能包容她更重要？”

张总沉默了一会儿，吐出一口气说：“我明白了肖导，是我的包容心不够，停在了‘各种看不惯’的层面，忽略了你在课堂上讲的：家是讲爱的地方，不是讲道理的地方。”

看着张总的觉察，我特别欣慰，继续对他说：“我们再来探索一下：当时你们结婚时，你欣赏她什么？”

张总回忆往昔，脸上荡漾幸福：“很多啊，欣赏她漂亮、知性、善良和持家……”

我继续启发张总：“你要给管理团队多发些年终奖，她不肯出钱的时候，你欣赏她什么？”

张总笑着说："节省，她也知道我们赚点钱很不容易，她是想让我们守住财富。"

"她磨叽、唠叨的时候，体现了怎样的卓越特质？"我接着问张总。

张总不好意思地说："谨慎，做事一丝不苟；负责任，生怕我出一点点差错。"

"谨慎、一丝不苟和害怕出错，这不是财务人员必备的特质吗？"我问张总。

张总哈哈大笑，说："肖导你别问了，我已经明白了。你教过我欣赏力，欣赏他人和他人无关，是自己心胸、格局的体现，也是看待事情高度和角度的体现，我这就回家好好爱我爱人去！"

看着张总欢喜地回家，我想起了老祖宗的智慧：修身、齐家、治国和平天下。我期待在修身、齐家的道路上，能有更多的同行者。

【案例分析】

夫妻共同创业，同时在企业任职的情况很多。

本案例表面看是老板和财务总监的冲突，实际上是夫妻之间的冲突，往大方向说就是人与人之间的冲突。

人与人之间的冲突主要体现在：使用时间、使用钱、生活和工作习惯以及天生性格等范畴的不同而引发的事情。这些范畴没有固定的标准，所以双方很难达成统一的价值观，只能彼此包容，尊重他人的独特性，允许他人和自己的想法不同。

企业如果要凝聚团队，就需要考虑这些无法统一的范畴，先统一愿景、使命和目标，然后制订机制来统一行为标准，才能凝聚一支步调一致的高效团队。

【老板要做的】

如果爱人是下属，需要划分严谨的界线：关于工作职责的、关于权限的、关于工作时间和家庭时间的，以及关于服从的。

【员工要做的】

如果爱人是上司，需要给予尊重，多份理解和包容，严格服从公司的管理机制。

【训练方案】

夫妻是上下级关系的，花点时间“约法三章”，把可能发生的冲突拿到桌面上先谈清楚，避免工作中彼此掣肘，给企业造成巨大损失。

成长手记	

你的职业标签是什么

我有位学员在福州开会计培训班，大家都叫他潘老师。最近我留意她的朋友圈，感觉很凌乱，有时是会计培训班的招生信息，有时是学历提升，有时是演讲训练的招生信息，有时是财税管理，有时是节税类的课程推广，有时是转载的鸡汤，有时一天发几次吃的、玩的朋友圈……

看到她的朋友圈像个杂货店，我忍不住问她："潘老师，你的职业标签到底是什么？"

潘老师毫不犹豫地说："肖导，我是做会计培训的，我是会计培训的校长兼老师。"

我听她这样回答，笑着继续问她："那你的朋友圈传递出来的，怎么感觉你像个开杂货店的，什么都做呢？"

潘老师很惊讶地说："我完全没有注意这些，谢谢肖导提醒。难怪我朋友圈有4000多好友，大部分还是老学员，但我发招生信息一点作用都没有呢！"

我微笑着说："你的团队有10多人，他们的朋友圈怎么样？"

潘老师回想一下，说："现在想来，和我一样，没有统一输出的企业文化，更没有专业性。"

我接着说："朋友圈只是一个写照，从朋友圈来看你的企业定位和职业标签，应该还没有很明确吧？”

潘老师说：“是这样的。我本来做会计考前培训，效益一般，就想在业余时间做点别的。而我遇到事总喜欢听一堆人的建议，听完后又没有自己的主见，要么不敢迈出步伐，要么就这试一下那试一下，表现出来的状态就是凌乱，没有自己的聚焦，很难形成品牌。从朋友圈传递出来的结果，就是别人不知道我是做什么的，到最后什么都没有做好。”

为了让她的能量不至于太分散，我决定引导她做一些深入思考：“潘老师，你能瞬间思考这么多，说明你作为老板，头脑很清晰，你只需要做一些深度思考就可以做好企业战略定位了。这样吧，我来引发问题，你来回答。你做的行业可以分出多少个细分市场？”

潘老师思考了一会说：“财税行业可以细分的市场很多，比如会计培训、企业财税培训、会计代记账、税务咨询、税务筹划、财税体制整改和合理节税等。”

没想到这个行业有这么多的细分市场，每个市场都大有可为，是企业都需要的，我继续问潘老师：“每个细分市场都是一个企业经营的赛道，你准备选择哪个赛道呢？”

潘老师毫不犹豫地说：“那我还是专注会计培训吧。”

我看她想都不想就给出答案，继续问她：“原因是什么呢？”

潘老师说：“熟悉，这是我最专业的。”

我强化她的职业标签：“潘老师，你是老板，是企业的投资人，不是单纯的会计培训老师。你觉得定位一家企业，除了‘最专业’外，要不要考虑你的客户是谁，客户最需要的是什么？”

潘老师马上反应过来：“我明白了，不能光做我会的，更要考虑客户要的，市场空间大的。我一直想的是做最专业的，自我设限了。”

其实她只是当局者迷，知道了道理，用回到自己身上，不知道怎么用出来。

我启发她说：“既然你也认为考虑‘客户要的’和‘市场空间大的’很重要，那你觉得财税这个行业，市场最需要的是什么？”

潘老师回答说：“我们行业已经有数据显示，当前市场最需要的是财税的正规化辅导和合理避税节税。”

其实潘老师也知道行业发展趋势，只是自己对这个版块不熟悉，所以一直固守在自己熟悉的专业领域。

这么做没有错，只是对一个老板来说，不能与时俱进，就有可能失去战略先机。而且潘老师已经意识到现在她的专业领域效益一般，已经开始尝试在业余时间做点别的，只是她没有整体规划，而是零敲碎打，给企业发展带来了很大的危机。

其实像潘老师这样的老板很多，自己的本业已经进入行业的尾声，想去突破，找到新的赛道，又没有系统化的思维。资源、圈层和能力等也还不足以支持自己看清未来的路，于是就花了很多时间去尝试，导致出现本业没有做好，新的方向也没有找到的困境。

自主创业的小公司，想在激烈的市场竞争中找一条活路，像潘老师这样的老板真的很不容易。

为了给潘老师更多支持，我接着说：“如果你只是会计老师，那当然以自己的专业为导向；如果你是会计培训学校的校长，就需要研究市场需要。”

潘老师听到了我的区分，深表认同。她也深刻地意识到：不能人云亦云，只听取别人的局部建议而没有自己的主见；不能局限在自己熟悉的一亩三分地，需要面对市场的变迁。

我接着说：“这么多年，你培养了很多学员，他们现在都在各个公司做财务工作，你手上有大量的客户资源。如果深度维护这些客户，可能会有新的可能性。”

潘老师眼神变得光泽明亮了很多，似乎看到了一条康庄大道。

我又花了半小时，给她详细讲解了 SWOT 企业战略分析方法，让她对企业的战略定位有了更深刻的理解。S（Strengths）是优势、W（Weaknesses）是劣势、O（Opportunities）是机会、T（Threats）是威胁。

结束了沟通，潘老师马上召集团队开会。她先从朋友圈开始，定位每位员工的职业标签，输出统一的品牌符号，把本职的专业领域打扎实，在这个基础上寻求企业新的利润增长点。

【案例分析】

如果你感觉做了多年的专业领域不好做，觉得别的行业更好做，这其实是一种错误的主观感觉。没有所谓好做的行业，哪个行业都有人赚钱，有人破产，可见所谓的好做与不好做，是由你的综合能力决定的。

市场上天天传播企业转型、行业升级的思想，有些人根本没有领悟其真谛，也没有掌握核心方法，只是“不务正业”，转行做别的事情而已。

那些蜻蜓点水般乱尝试、在完全不熟悉又没有能力驾驭的领域乱投资、想赚快钱一夜暴富的人，终究会迎来新一轮的淘汰。

【老板要做的】

1. 带领公司在激烈的市场竞争中选择最佳赛道，并做好战略布局。

2. 强化品牌意识，为公司的每个岗位做好职业规划，明确职业标签，训练职业素养，并做好持续的检视。

【员工要做的】

明确自己的职业标签，从形象、谈吐、公司文化、产品知识和职业操守等范畴提升自己的专业度。

【训练方案】

1. 通过网上或其他渠道，学习 SWOT 企业战略分析方法，梳理公司战略布局。

2. 深入分析现在服务的客户，还需要哪些深度服务，根据这个分析，耕耘自己的本业。

成长手记	

我到底适合做什么

雄哥多年前进入一家服装公司做财务，用了 5 年时间坐到了财务总监的位置。他的认真、严谨和高效赢得了所有同事的尊重，老板对他也非常看重。

因为公司发展需要，启动了上市流程，雄哥作为财务总监，理所当然地全盘操作公司上市的事，就这样又过了 3 年。

上市需要积累，这是综合因素决定的。雄哥用了 3 年时间，完善了所有公司上市的流程，只需要等待公司规模发展起来就可以了。

在这个静待花开的岁月，雄哥闲了下来，当前公司最需要的就是业绩增长。雄哥说："革命军人一块砖，哪里需要哪里搬，我不做财务了，去做销售。"

此言一出，引起满堂哄笑，所有的同事都在表达一个意思："雄哥，我们同事这么多年了，你不适合做销售，还是财务更适合你。"

还有些热心的同事很认真地来劝雄哥，他说："守住本分，好好把财务做好，做销售和做财务完全不同。"

雄哥一一感谢同事们的热情，但是心情很不爽，谁说财务就不适合做销售了？

雄哥是倔脾气，同事们越是劝他，他越是内心要争一口气：

必须把销售做好！于是找到老板说："老板，我想调岗，去销售部。"

老板疑惑地看了一眼雄哥，说："你？"

雄哥听出老板的不屑，心里更是不忿，很是坚决地说："是的，老板，我要做销售。"

老板说："给我一个理由。"

雄哥说："公司现在财务很稳定，只需要业绩冲上来就可以上市。所以我想为公司当前最需要突破的业绩做些力所能及的事，也想就这个机会好好锻炼一下自己，公司未来上市了，一定需要更多综合性人才，我想现在就做些准备。"

老板听完雄哥的理由，很感动，要是每位同事都能有这样的格局那该多好啊！

老板想了一会儿："那这样吧，你转销售岗位锻炼一段时间，财务总监你也继续做，指导财务部正常运营。在此期间，你拿销售和财务总监两个岗位的工资，锻炼一段时间就回来。"

雄哥虽然感动老板的安排，但还是听出了老板心声：你就是做财务的，哪能做销售啊，但去锻炼一下还是可以的。

不管怎么样，雄哥获得了做销售的机会。他没有逞口舌之快，决定用行动来告诉所有人：只要功夫下得深，做什么都能做得成。

雄哥没有急着去开拓客户，展开业务，而是拿出了当年学财务的干劲学习销售基本功：公司简介、产品知识、销售流程、销售技巧和销售心理学等。他全方位地展开学习，连续半个月把自己关在公司"闭关"训练。

半个月后，雄哥"出关"，基本功已经练得差不多了，但是雄哥知道，客户给予自己的机会只有一次，一定要做好充分的准备。磨刀不误砍柴工，所以雄哥又精选了一些课程外出学习。我的课程，就是雄哥选择的课程之一。

我了解雄哥从财务转岗到销售的心路历程后问他："是什么让你选择做销售呢？"

雄哥郁闷地说："所有人都说我不适合做销售，所以我想证明给别人看，财务人员也是适合做销售的。"

雄哥的这个发心，显然不能让他获得价值感，不能激发内在潜能，只是为了证明给别人看而已。因此，需要让雄哥重新选择发心。

我笑着说："雄哥，原来你是为了别人而活，为了赌气而选择做销售。"

雄哥一愣，坚决地说："不是的，我也是经过深思熟虑后才做出的选择。"

我追问他："那你为什么一定要选择做销售呢？你得给自己找到一个有价值的发心，这样你做起来才能事半功倍。"

他想了一会儿，面带愉快地对我说："肖导，谢谢你的点拨。我知道自己为什么选择做销售了。"

"领悟得挺快的嘛！说说看，你的发心是什么？"我说。

雄哥整理了一下思路，说："我做了快十年的财务，整天和数据打交道。因为公司启动上市，不得不和很多人打交道，这让我很不适应。我就特别羡慕销售部的同事，可以随时随地和人打交道，我也想成为一个懂得和人打交道的人，成为一个给他人带来帮助、快乐的人。所以我选择做销售，透过销售传递快乐人生观，用我的专业能力帮助更多人，用我的服务温暖更多人，通过建立良好的人际关系来体现我的个人价值。”

听到这里，我决定向雄哥提出挑战，说：“那些说你不适合做销售的人，你还要不要向他们证明什么？”

雄哥不好意思地说：“向他们证明我适合做销售，没有任何意义啊！”

我很开心地看到雄哥站在利他的角度，重新定义做销售的发心，这样能量就通透了，做销售的道路上一定会充满喜悦，遇到困难也能坦然面对。

再次见到雄哥是一年后，雄哥激情四射地带着公司销售冠军的奖状来感谢我。

我欣慰地对雄哥说：“我并没有做什么，你还专程来感谢我，这让我很感动。”

雄哥真诚地说：“肖导，你帮我大忙了。我没有想到做销售会那么困难，经常被客户拒绝，有好多次想着放弃。是你让我知道了选择做销售的发心：帮助客户、实现个人价值。于是我一次次地坚持了下来，才有了现在的成绩！”

雄哥成长的过程给了我们思考：我到底适合做什么？

绝大多数人在大学里学的专业，不是后来工作的专业，可见适合做什么不能一概而论。

人生无限，除非你自我设限。别把自己定型在某个框架中，这样就没有机会欣赏大千世界的美好了。

【案例分析】

很多优秀的大企业有轮岗机制，就是一个岗位做几年，就转岗到其他岗位，比如生产转品质，品质转售后等。转岗的优势是公司培养的员工是全能型人才。

而大多数中国企业很少有这样的机制，你是做生产的，这辈子就是生产；你是做财务的，这辈子就只能做财务，这样的优势是员工够专业。

至于哪个好，各有千秋，企业根据自己的实际情况选择最适合的。

需要预防的是，一个岗位做 10 年，其实只是用 1 年的经验重复了 9 年而已。所以很多有资历的员工，其实并不是真的积累了多少年的经验，而只是有了多少年的经历。

本案例呈现了一位财务人员成功转岗销售的过程，这个选择的过程，其实很不容易，会有很多人“泼冷水”“扯后腿”。因此，我建议企业开放自愿转岗文化，对于内部转岗，多一分理解与包容。

【老板要做的】

1. 给予自愿转岗的同事关于“人”的肯定。

2. 根据企业实际情况建立转岗机制。

【员工要做的】

1. 站在公司角度，为公司分忧解难。

2. 敢于挑战不可能，激发体内每一个潜能。

3. 培养超强的学习力。

【训练方案】

把自己岗位需要的能力列出来，学习案例中雄哥的学习力，强化已有的能力，恶补还不具备的能力。

成长手记	

老板必须要懂的“比较优势”

成都的朱总做房产中介，白手起家，努力了 10 多年，在成都已经拥有 50 多家门店。

朱总从业务员一步步成长起来，深知天道酬勤，很多事都亲力亲为，身先士卒。

2019 年我路过成都去看他，发现他在新开的一家店面打扫卫生，看到朱总的朴实，由衷地感到敬畏。

朱总把我迎到办公室喝茶，我随口问朱总：“你的团队都有 500 多人了，怎么还自己打扫卫生呢？”

朱总一边泡茶一边笑着说：“这是新开的店，店长带几位新同事去展业了，我刚好没事，就过来帮忙打扫一下。”

朱总说得很轻松，可是我听在心里是一份酸楚。这些草根出身的企业家，生意已经做得很大了，也没有完成业务员到老板的角色转换。

朱总是我的老学员，既然来了，就必须给予支持。

我思考了一下支持的方向，探索性地问朱总：“现在公司效益怎么样啊？”

朱总腼腆一笑：“看上去轰轰烈烈，实际上一年也就赚个

300 万元左右。”

“不少了，现在的房产中介行情，你能赚 300 万元，还想怎么样啊！”我一边找来纸笔一边说。

我摊开纸笔，继续对朱总说：“朱总，我们来算个账。一年赚 300 万元，月薪就是 25 万元。一个月工作日 26 天，日薪就是 9600 元。这个账可以这样算吧？”

朱总愣愣地看着我，不知道我要做什么，看了看我算的账，点点头说：“按这样分解，是这样的。”

于是我接着问朱总：“在成都一个打扫卫生的人，一天大概多少工资？”

朱总似乎还没有明白我在说什么，想了一会说：“钟点工打扫卫生，一天 300 元到 500 元吧。我没请过，一直都是自己人做。”

我认真地盯着朱总说：“你拿着 9600 元日薪，做着 300 元日薪的活儿，你有留意吗？”

沉默了很久，朱总慢慢地反应过来，眼中带着感激看着我说：“肖导，我明白了，老板做老板该做的事，员工做员工该做的事。我每天看上去很勤奋，做了很多事，但是没有多少是老板该做的事。”

这就是每个老板必须懂得的“比较优势”，用了宝贵的时间做了某件不该做的事，就没有办法做必须做的事。那些善于管理时间的人，是把高“比较优势”发挥出来的人，而不是浪费在低“比较优势”上。

对于老板来说，那些低“比较优势”的事怎么办呢？

花钱买别人的时间做就好了。比如朱总每天打扫卫生，就是用了一个高“比较优势”的时间做了低“比较优势”的事。当然，这并不是反对老板打扫卫生，而是老板需要思考如何把时间放在更有价值的事情上。

我把这些理论讲给朱总听，直到朱总完全领悟。

朱总很认真地在本子上写下领悟的收获。等他写完，我问他：“你知道老板该思考些什么、做些什么吗？”

朱总思考片刻说：“老板要关心团队，带领团队，管好团队的绩效。”

我问道：“就按你说的，你感觉现在做得怎么样？”

朱总惭愧地说：“肖导，只有‘关心团队’做到了，其他的不会做。这是我和团队现在最大的冲突，他们很渴望我能带领他们，教他们怎么做，但是我不知道怎么带。”

我反问朱总：“那你要做些什么，才知道怎么带呢？”

朱总尴尬地笑着说：“我知道自己不会带团队已经很久了，但是为此却什么都没做。肖导，我明白了，我知道该做什么了。”

朱总在信念上有了拓宽，相信能力上很快会成长起来。

为了让朱总知识面更广，我分享了一些心得：“我们常说的老板，是董事长和总经理的统称。简单来说，董事长是管理股东，对接资金、资源等外部力量；总经理是管理内部，让公司输入和输出稳定并增长。”

朱总一边听一边用心地做记录，还把计划写在旁边。

我举例说：“你是这家房产中介公司的董事长，就需要对接地产公司、银行等外部资源；同时又是总经理，需要为员工成长和完成业绩负责。你是老板，是董事长和总经理的统称，当前最需要做的就是要盘点你企业的现状和目标，清晰写下老板的岗位职责，这样就能把精力放在最有效的地方了。”

朱总认真地做好记录，抬头对我说：“肖导，我用一个星期梳理一下老板该做什么，然后发给你看一下，帮我把把关可以吗？”

看到朱总的诚恳，我欣然答应：“谢谢你的信任，我很愿意效劳。”

朱总感激万分，热情款待我。走的时候我帮朱总做了总结：每个人的精力、时间有限，领导者需要时刻清晰地认识到当下的核心瓶颈，把精力和时间用在有效产出上，不要假装很努力，“结果”是不会陪你演戏的。

【案例分析】

很多老板从员工一步步成长起来，做员工的时间比做老板长，做员工的经验比做老板丰富，所以在老板的岗位上，依然干着员工的事，高“比较优势”的事没有做好，用了宝贵的时间做了低“比较优势”的事。

【老板要做的】

1. 提升“顶层思维”的能力。

2. 清晰地知道老板该做什么。

【员工要做的】

如果上级领导不能教自己怎么做，不能抱怨和等待，自己一定要想办法提升胜任力，或者支持公司建立培训机制，建立学习型组织。

【训练方案】

1. 时刻分析公司的核心瓶颈，清晰每个人的高“比较优势”。

2. 建立培训机制，而不是依靠某个人才带领团队。

3. 把日常行为做一个“比较优势”的统计表，觉察自己是不是一直在高“比较优势”的状态。

成长手记	

你会发展友谊吗

程总是一家物流公司老板，在管理团队的例会上，抛出了一个研讨话题：你会发展友谊吗？引发大家头脑风暴。

销售部的娟姐不屑地说："这谁不会啊？谁还没几个要好的朋友，我做物流 10 年了，朋友遍天下！"

程总听到娟姐的回答，知道她把"友谊"和"朋友"混在一起了，是朋友可不一定有友谊。

程总正想解释"友谊"，被客服部的小红插嘴，说："我性格内向，朋友虽然不多，但是关系都很好，我觉得发展友谊应该不难吧。娟姐，你和朋友们的友谊是怎么表现的呢？"

娟姐很自豪地说："我让他们做什么，都会毫无怨言地帮我，我有好多这样的朋友呢！"

研发部的小王崇拜地看着娟姐说："我也不太会发展友谊，娟姐，成为你的朋友需要什么条件啊？"

娟姐想了一下，说："做朋友当然有条件了，比如要及时回我信息；我打电话必须要接；我难过的时候要陪我说话；有好东西要彼此分享；需要帮助的时候彼此帮助。"

程总听到娟姐这样说，感受到成为娟姐的朋友真的很辛苦。有些老客户慢慢会成为朋友，如果销售人员用这样的态度对待客户，估计老客户慢慢就会流失了。

为了让娟姐看清什么是友谊，让同事们看清发展友谊的关键，程总给大家讲了一个故事。

程总说：“有一天，有位女士很难过，她打电话给她的闺蜜，约闺蜜出来聊聊。闺蜜听到这位女士说难过后很紧张，担心她出了什么意外，但是手上确实有很重要的事，于是就约到了第二天的晚上。这位女士在电话里听到闺蜜为了自己的事很紧张，并且在很忙的情况下还特意安排时间来陪她，她很感动，也为自己能有这样的一位好闺蜜而庆幸。可是闺蜜要第二天晚上才能出来，难过是当下的情绪，她不想等到第二天晚上才去宣泄情绪，于是就打了电话给老公：‘我现在很难过，你快点回来陪我。’老公听到她很难过，也很紧张，马上说：‘老婆别难过，我还有两个小时就下班了，下班我就回家陪你。’这位女士听到老公说还要两个小时，而不是马上过来陪自己，立刻就愤怒了：‘你心里到底有没有我啊？’于是把电话挂了。电话那头的男人懵了，不知道自己哪儿做错了，惹到老婆发脾气。他担心老婆出意外，于是请假回家去陪老婆。回家后看见老婆还在生气，于是小心翼翼地询问情况，结果发现没什么特别的情况。这位女士的信念就是：让你来陪我就必须马上来陪，要不然怎么当老公？结婚第一年，男人顾念老婆，随叫随到，要什么都满足。时间久了，男人感觉到很累，而且自己的工作也因为经常请假丢掉了，基本没有了做事业的时间和空间。于是坚持到第四年，他们离婚了。”

程总讲完故事后就没再说话，大家在细细品味。

沉默了好一会儿，娟姐深沉地说：“程总，你的故事讲的好像就是我啊，我就是这样要求我老公的。我老公现在已经不爱搭理我了，我正在天天抱怨他呢，就差提出离婚了。看来我要从自己身上找原因，这个故事对我启发很大，谢谢你，程总。”

小王沉思后说：“那位女士难过找闺蜜倾诉，闺蜜第二天安排时间陪她，这位女士很感动，这段关系就是友谊了。而面对老公，必须马上到，否则就会愤怒，这就不是友谊了，而是一种控制。这样的关系会让人喘不过气来，时间久了肯定会逃离。”

程总点头肯定小王的分享，给小王竖起大拇指点赞。

小红有些低沉地说：“我也会像故事里的那位女士一样，我的朋友如果没有及时满足我，就会很生气，甚至会删掉联系方式，就此绝交。现在仔细想想，我是不懂得发展友谊。”

程总总结说：“友谊的关键是尊重、顾念、包容和允许等。只有三岁以下的孩子，饿了要吃奶，又没有及时吃上奶才会拼命地哭闹，必须马上满足吃奶的需要，才能停下来不哭闹。成人的世界，需要为自己的期待负责，再好的朋友，哪怕是爱人，都没有义务‘随叫随到’。娟姐为人豪情，朋友众多，当你能领悟到如何发展友谊，就会轻松很多，你的朋友也会轻松很多，你就有更多共进退、共患难的朋友。”

娟姐展颜一笑说：“明白了程总，我还要和更多的客户发展友谊。现在就给被我‘欺负’的朋友道个歉，允许她们以后不听我的话，哈哈哈！”

程总说：“你还是先给你老公道个歉，你已经‘欺负’他好多年了！”

大家齐声大笑，在成长的喜悦中，结束了这次会议。

【案例分析】

有些人认识很多人，但是算得上朋友的没有几个，能发展出友谊的朋友更少。

现代社会的生活节奏特别快，很多社交会消耗能量。本案例通过研讨会，诠释了发展友谊的重要性和关键因素。

我期待读者能透过本案例，发展真诚、可贵的友谊，拥有高能量、高价值的社交圈。

【老板要做的】

和谁在一起，比去远方更重要。老板一定要有方向、有策略地发展友谊，根据公司的战略布局规划社交圈层。

【员工要做的】

和同事、客户发展友谊，打造和谐的战斗团队。

【训练方案】

1. 把平常的社交活动列出来，觉察这些活动的价值。

2. 把朋友圈梳理一下，尝试和更多的人发展友谊。

成长手记	

太在乎别人的看法怎么办

小夏毕业于郑州财经大学，在深圳打拼10年，因为勤奋好学、业务熟练、业绩突出被老板提拔为副总经理。

这本来是一件好事，但是小夏很害怕自己做不好，特别在乎老板、同事和客户对他的看法，甚至害怕到失眠。看到几位同事在一起交头接耳，小夏就会怀疑是不是自己哪儿做得不好了，同事们在议论自己。

老板偶尔会对小夏的工作提出一些疑问，每当这时小夏就非常难受、失落，感觉自己没有被老板完全信任。

有一次，小夏拿出一个方案去找老板确认可性行，结果被老板否定了，这让小夏觉得老板质疑自己，心情感到无比沉重。

小夏来我这儿上课的时候心事重重，眉头紧锁。其实他内心也知道是自己过于敏感了，只是克服不了敏感，已经影响到了自己的生活。课程结束，小夏私下找到我说："肖导，我太在乎别人的看法了，这可怎么办啊？"

感受到小夏内心比较匮乏，在"别人的看法"这件事上的视角太窄了，我组织了一下语言说："你既然那么在意别人对你的看法，那么你在别人对你的看法中成长了什么？"

小夏从来没有从这个视角来思考别人对自己的看法，一直觉得别人的看法是不好的，突然被我这样一问，显得有点茫然，小声嘀咕：“我可以在别人对我的看法中成长些什么？”

我微笑地看着小夏，一言不发，点头鼓励他去认真思考。过了一刻钟，他的眉头慢慢舒展开来，喜悦地说：“我可以在别人对我的看法中找到要改善的地方。”

我点头肯定地说：“是的，别人对你的看法是一面镜子，你可以在这面镜子中看到要改善的地方。而且别人的看法并不一定是说你做错了什么，只是想让你做得更完美，毕竟你现在已经是副总经理了。”

小夏说：“是的，别人确实没有说我做错了什么。”

我引导小夏开阔视野：“继续挖掘一下，除了这个成长点，还有吗？”

小夏思考了一会儿说：“别人对我的看法让我更加自律了。”

我向小夏竖起大拇指说：“是的，能对你有看法的人，同样是你的贵人。我们要敬畏这份看法，严于律己。再思考一下，还能成长些什么？”

小夏认真思考后回答我：“别人对我的看法，往往说的是我的缺点，我以前总认为别人对我有看法是不好的，现在看来并不是别人的看法不好，而是我不能容忍别人说我的缺点，质疑我的工作能力。所以我可以透过别人对我的看法提升包容心，允许别人对我有看法，接纳自己的不完美。”

小夏说到这里，整个人都舒展开来，轻松了很多。为了让他有更快的成长，我开始挑战他：“既然别人对你的看法让你有了这么多的成长，那你觉得要怎么样对待对你有看法的人呢？”

小夏猛地一拍大腿，站起来说：“哎呀！必须要在乎别人对我的看法，对我有看法的人是我的大贵人，要去感恩、感谢啊！”

我问小夏：“那你准备什么时候去表达感恩、感谢呢？”

小夏开心地看着我说：“马上行动，我走了！”

小夏回到公司，首先找到老板，鼓起勇气说：“老板，以前的我特别害怕你批评我，甚至一个严肃的眼神都会让我觉得很紧张。我现在不怕了，不紧张了，因为我发现可以在你的批评中迅速成长起来，还请老板以后多多批评。”

小夏的老板还不太适应他的转变，不过还是很认真地点头说：“放心，我会对你严格要求的。”

小夏又召集管理团队，以及平常对自己提过宝贵建议的客户、朋友，分别向他们表达了感恩，并邀请他们继续关心自己的成长，把对他的看法及时地说出来。

就这样，小夏赢得了大家更多的尊重，成长速度一日千里。

【案例分析】

因为过去的经历，我们可能不知不觉地把自己局限在某个思维的框架中，比如本案例中小夏的认知：别人对我的看法是不好的。“以铜为镜，可以正衣冠；以史为镜，可以知兴替；以人为镜，可以明得失”，其实老祖宗早就把智慧告诉我们，只是有些人做不到。

中国有句古话：树挪死，人挪活。我们挪一下自己的视角，站在不同的位置来看待现在遇到的困难，你立刻就会发现有一片新天地。

【老板要做的】

1. 做个有气度的老板，鼓励员工把对公司的看法通过合适的渠道表达出来，勇敢地面对员工对公司的看法，感恩对公司高要求的员工。

2. 观察重要岗位的员工，对受害于“别人看法”的同事，像本案例一样进行转念教育，以免影响绩效，甚至受到情绪的困扰。

【员工要做的】

1. 把别人对自己的看法列出来，一一对照言行举止，有则改之，无则加勉。不管这些看法是什么，都要心怀感恩，并且及时地表达感恩。

2. 觉察自己对别人的看法，是否达到了支持他人成长的效果，如果没有，及时调整到有效的表达方式。

【训练方案】

1. 在企业里定期组织“批评与自我批评”训练，提升逆商的同时，借助他人的看法快速成长自己。

2. 转念训练：5 人一组（单数即可），确定一个主题，比如“今天太阳很明媚”，一个人开始说 “幸运的是……”，第二个人马上转念说“不幸的是……”，第三个人接着说“幸运的是……”，以此类推，快速反应。同一个话题，永远有“幸运”和“不幸运”两个视角，透过训练，让我们能习惯性地看到事情的多面性。

成长手记	

“善意的谎言”有价值吗

家住南昌的力哥做了30多年的农作物种子商贸，在江西省很多市县都有他的分支机构。

一天，力哥开车去上饶的分支机构帮助员工做销售活动。刚到上饶，还没有展开工作，就被同事们约好了晚上打麻将。

力哥说：“把今天的活动做好了，晚上我们就去打麻将，庆祝一下。”

正当大家开心地进入工作状态时，力哥发现，分支机构的员工什么都没有准备好，活动物资、货品陈列等都没按要求做到。力哥心想：他们早就告诉我都准备好了，结果一团糟，真是不靠谱！但是事已至此，有什么办法呢？力哥只好亲力亲为，带着员工抓紧完善，应对当天的销售活动。

好在老客户比较多，活动最终的销售结果还算基本达到了预期。力哥感觉挺喜悦，于是准备留下来和员工庆祝一下。

可是力哥出门的时候曾经告诉老婆晚上回家，为了不让老婆担心，也不想过多地解释，就给老婆打电话，说了善意的谎言：“老婆，我喝酒了……”

力哥爱人听到此话，马上体贴地说：“那就在上饶住一晚吧，安全第一。”

但麻将刚打了两圈，有位同事接到家里的紧急电话，临时有事要离开，麻将局不得不解散。

这下力哥纠结了：要不要回家呢?

不回，在上饶无聊；回去，刚和老婆撒了谎，不好交代。

生活中，有不少人遇到力哥这样的尴尬。简单的一句谎言，搬起石头砸自己的脚。

还有些人习惯性撒谎，不知道从什么时候开始，一点点小事也会用谎言来应对。

为了不让谎言漏出破绽，又不愿意向老婆解释，省得麻烦，力哥决定住一晚再回去。

就这样，力哥没回家，麻将也打不了，一个人在上饶无聊地度过了一个晚上。虽然这不是力哥第一次撒“善意的谎言”，但是内心还是掠过一丝自责。

曾经有位客户，跟力哥下了一笔订单，约好了第二天到货。

第二天一早，客户就打电话问力哥：“货准备好了吗？”

力哥拍着胸脯说：“准备好了，放心吧，上午上班就送货出发。”

挂了电话，力哥关心客户的货，结果发现库存数量根本不够，要发货得重新采购或调货，至少也要一天的时间。

于是力哥努力协调货物，想着晚上下班前能把货送到。

因为担心客户不满意，所以并没有主动和客户交代。

平常送货一个多小时就到了，客户心想：早上上班发货，中午也该到了。结果到了午饭时还没有看到货，又打电话问力哥：“货到哪儿了？”

力哥很担心客户生气，又不好意思在客户面前暴露早上的承诺，所以对客户说："出发了，在路上，一定是堵车了。"

结果到了晚上下班,客户依然没有收到货,再次打电话给力哥。

力哥不好意思地说："堵车堵得太严重，送货司机回来了。"

"善意的谎言"背后，原来是各种担心，各种不敢面对。本来很简单的事，硬是强撑着把自己"逼上绝路"。

因为力哥有这样的习惯，导致公司也有这样不好的风气，"交期不靠谱"是力哥公司在客户心中的标签。

好在力哥做的时间久，很多老客户熟悉了力哥的模式，再加上产品品质还算有保证，才给了力哥在市场上活下去的机会。

为什么会用"善意的谎言"来应对呢?"善意的谎言"到底有没有价值呢?

首先，看出发点。

力哥说自己喝酒了，是不想让老婆担心，背后其实是对爱人的一份顾念。这本是让人很感动的初心，然而表达的方式是谎言。一定要用谎言的方式去表达吗?到底力哥在担心些什么，这就需要力哥去觉察了。

再来看，喝酒的谎言撒完就结束了，没想到后来发生了突发事件，麻将没打成，于是力哥不得不再次撒谎来圆前面的谎言。这时，就容易产生内耗，看上去是一个"善意的谎言"，实际上可能会变成一连串的谎言，甚至会成为习惯，如果重复这种习惯，就会大量消耗能量。

生命能量的消耗会影响人的心力和精力。

由此可见，“善意的谎言”也是谎言，不能帮助我们成长，反倒是消耗能量的起源。

想要阻止能量消耗其实很简单，只需要做到三点就可以：一是不再轻易撒谎；二是主动捅破谎言；三是透过对谎言的觉察，探索情绪和限制性信念，让生命得到成长。

我期待人与人之间能有更多的真诚、信任，把心力和精力用来达成目标，而不是用来消耗。

【案例分析】

正所谓“上梁不正下梁歪”，老板不靠谱，员工自然不靠谱。所以老板一定要谨言慎行，做员工的榜样，不能因为“善意的谎言”而毁了品牌。

公司作风要优良。老板去分支机构帮忙，不是先谈工作，而是先约麻将，这就本末倒置了。这样的工作作风应该不是员工引发的，而是老板带出来的文化，类似这样的工作作风，你的企业有吗？

【老板要做的】

1. 正人、正行、正思维。

2. 觉察对员工、客户有没有撒过“善意的谎言”，如果有，及时处理，修补能量漏洞。

3. 察觉麻将文化、酒文化和 KTV 文化等是否影响到了公司企业文化。如果已经影响，要整顿公司作风。

【员工要做的】

谨守本分，一言九鼎，严格执行既定计划，做一个靠谱的人。

【训练方案】

1. 把曾经的谎言梳理一遍，可以捅破的，及时主动捅破它；不能捅破的，可能会造成二次伤害的，找专业人士疗愈。

2. 把曾经的诺言梳理一遍，可以兑现但还没有兑现的承诺要及时行动兑现；已经没有办法兑现的，及时做出相应处理，以免成为他人心中的谎言。

3. 敢于承诺，并用 100% 负责任的心态兑现承诺，打造自己的生命名片。

成长手记	

企业经营的复盘

周一上午 9 点整，洪总紧急召开管理团队会议，主题是：企业经营的复盘。

洪总首先发话："这个季度，公司业绩越来越差，比上个季度下滑了 30%，这已经是连续三个季度下滑了。如果再这样下去，企业的生存就会受到影响。情况紧急，大家都说说问题出在哪里。"

陈会计马上接话："洪总，这事儿不明摆着是销售部门的事儿吗？就是产品卖不出去导致的业绩下滑，大家说是不是？"

马上就有几位同事附和："对啊，对啊。"

这时销售部负责人站起来："你怎么能这样说，我们销售部门的同事风里来雨里去，我们容易吗？不信你去试试看。"

陈会计反问："你说不是销售部门的事儿，那是谁的事儿啊？"

销售部负责人："这个事情，我认为非常简单，研发部门应该好好检讨。别的公司产品总是不断更新换代，我们卖的一直是老产品，能卖得动吗？"

生产部负责人跟着说："是呀，我怎么没想到，我们进厂这么长时间，一直没有开发新产品，你们研发部门是不是也应该有责任呀？"

研发部门负责人一脸愁容地说："我们也有苦衷，主要是没钱研发。就这么一点钱，上个月让财务部的陈会计都给我们撤掉了，你说我们拿什么搞研发啊？"

洪总马上质问陈会计："对呀，陈会计，这么重要的事，你怎么不给研发经费呢？钱上哪儿去了？"

陈会计叹了口气，委屈地说："唉，毕竟大家没当家，不知道柴米油盐贵。现在是公司的现金流出了问题，大家知道吗？国家的税得交，房租、水电得付，供应商的钱得给，员工的工资得开。现在公司的账上没有钱，我才没给研发部门发钱，只要公司账上有了钱，我会加倍给他们。"

销售部负责人疑惑地问："那问题到底出在哪里呢？"

陈会计说："在今天开会之前，我做了一个调查分析，主要的原因就在于我们的成本太高了。"看来陈会计是做了功课的。

一听这话，采购部负责人不乐意了，马上反驳陈会计："你这话怎么说呢？俄罗斯的矿山爆炸，我们的原材料价格上涨，所以我们的成本才高的呀！"

几位同事恍然大悟："原来我们的企业效益不好，是俄罗斯的问题啊！"

洪总揉了揉额头，无奈地宣布会议结束。

洪总找到我的时候，依然显得很疲惫，把会议的情况和我说了后问我："肖导，我们的会议，讨论得挺激烈的。怎么到最后，什么问题都没有解决呢？"

我请洪总喝茶，让他先冷静下来。我整理了一下思路，才开口对洪总说："我们先来看看你们公司的企业文化：每个人都在证明自己是对的，收集很多证据证明自己是对的。这样的模式，是自己骗自己的表现。你仔细感觉一下，是不是这样？"

洪总有些迷茫地问："肖导，你能不能说得再具体些？"

我笑着说："具体来说，你们公司的每位同事，都只站在'自己是对的'这个立场。在开始讨论会议主题前，已经设置了'自己是对的'这个前提假设，然后收集证据证明这个前提假设是对的。这个过程，心理学叫合理化，是一种自己骗自己的说谎模式。所以到最后，找到'俄罗斯矿山爆炸'这样的理由，来证明整个团队都是对的。责任最终落到了一个客观原因上，所以会议没有任何结果。"

洪总若有所悟地说："我明白了，就是开会的方向一开始就是错的。开会的目的是解决问题，最后变成讨论谁对谁错了。而且谁都不愿意承认自己错，于是就变成各自证明自己是对的。"

我哈哈大笑，说："洪总英明！如果只站在'我是对的'这一个视角，就看不到其他的可能性了。只有站在每个人的视角来分析，才能理性地找到最佳解决方案。"

洪总苦笑着说："肖导，道理我已经明白了，针对现在的情况，我接下来要怎么做呢？"

"你已经在思想维度上升级了，具体做法很简单。比如，你是在开会前把'你们大家都说说问题出在哪里'这个问题抛出来的，那么大家讨论的话题会是什么呢？"我说。

洪总重复自己的话："'大家都说说问题出在哪里'，大家讨论的就是谁出了问题，而不是怎么解决问题。如果我问的问题是‘大家站在自己部门的立场说说怎么解决现在的问题’，那么大家讨论的就是解决方案了。”

我没有接话，微笑地看着洪总。

洪总想了一会儿，眼神越来越有光泽，兴奋地对我说：“我明白了肖导，正如你所说：我是一切的根源！”

“是啊，只有建立‘我是一切的根源’这样的企业文化，员工才会看到自己的改善点和成长点，”我说道，“这不只是开会的时候换一个角度，引发一句话那么简单，而是重新搭建正面、积极的企业文化，创造一个成长型的企业。”

洪总感慨地说：“谢谢肖导点拨，是我的认知太局限了。你在课堂说‘亏钱是认知的缺陷，赚钱是认知的变现’，我现在终于明白这句话了。”

【案例分析】

只提问题而没有解决方案的员工，是抱怨的员工；总是找别人的原因，不找内因看自己问题的团队，是指责型、不负责任的团队。

解决这种抱怨和不负责任，完全靠制度比较难彻底解决，需要持续教育，用企业文化影响团队的思维和行为习惯。

本质上，并非员工愿意抱怨和指责，而是没有良好的企业文化作为土壤激发员工的潜能，让员工成长和负责任。

【老板要做的】

1. 引导员工成长，成为负责任的人，打造能解决问题的优秀团队。

2. 发现抱怨、指责等风气，要立刻制止。老板要一手举红旗扬正气，一手拿菜刀杀歪风。

【员工要做的】

1. 遇到问题，先总结自己的改善点，承担责任。

2. 如果对其他同事有建议，可以透过有效渠道提出来，不要质疑、指责别人做得不好。

3. 需要领导和同事帮助才能改善时，及时发出“求救信号”，不要闭门造车。

【训练方案】

1. 引发问题时，觉察是正向的引发还是负向的引发，尽可能地引发正面、积极的东西。

2. 找到公司问题，写出解决方案，并尝试解决，训练解决问题的能力。

成长手记	

欠债老板的转念

长沙的曾总经营不善亏损了1000多万元，他来我这里上课的时候依然负债300万元，整个人像霜打的茄子，能量被消耗一空。

曾总的团队大多数人已经离开了，还留下几位一直和他打拼过来的兄弟。他是个重情重义的人，看到跟随很久的兄弟不愿意离开，他的内心更苦涩。

看着留下来的兄弟们期待的眼神，曾总知道自己一定要坚强，可是又搞不定自己。所以他内心非常苦闷，快支撑不下去了，于是私下约我，想和我聊聊。

我们相约在一个茶楼，曾总眼睛布满血丝，憔悴地说："肖导，我都活不下去了。"

我一听这话，心里咯噔了一下，寒毛都竖起来了，立刻问他："怎么了？"

曾总把他以前多么风光，后来怎么亏损，再后来众叛亲离，只留下几位打拼过来的兄弟跟随自己的过程说了一遍，然后对我说："现在要钱没钱，要人没有，负债这么多，我都活不下去了。"

我听完后吐出一口气让自己放松下来，因为曾总只是一时不知道该怎么面对，不知道如何从失败中爬起来，他还是有很强的求生欲望的。而且，一个真正活不下去的人，是不会告诉别人自己活不下去的，能够说出自己活不下去，那说明他的内心很渴望好好活下去。

我整理了一下支持曾总的思路，让他看着我的眼睛，语气缓慢地说："曾总，你能勇敢地面对困难活不下去，为什么不能勇敢地面对困难活下去呢？"

曾总似乎没有反应过来，反问我："勇敢地面对困难活下去，是什么意思？"

我帮助他转换思维："意思是，你有勇气死，就不能有勇气好好活吗？"

曾总经过我这支"强心针"刺激，眼睛顿时有了些许光泽，开始自言自语："是啊，我死都不怕，还怕活着吗？不就是亏损负债吗。"

他的声音很小，而且不够坚定，感觉面对困难的能量还不够，我继续给他打"强心针"："是啊，你还不到 40 岁，如果你能站起来面对困难，并且在这次亏损中吸取教训，等到你 50 岁的时候会怎么样呢？"

曾总眼中的光泽更多了，有些激动："到了 50 岁，我要感谢现在遇到的困难，不经历风雨，哪来彩虹啊！"我俩相视大笑，惹得茶楼的顾客齐齐看向我们。

笑声过后，我拿出本子帮助曾总总结，让他把上次亏损的经验一一列出来，把以前企业管理的漏洞全部找出来，让他在过去的经历中吸取足够的营养。

完成总结后，我带出了曾总的成长方向："你看，一个人过去所有的经历，都是为了未来更好的自己准备的，我们要感恩过去所发生的事情，以及给我们教训的人。若不是这些事和这些人，怎么会磨炼出更卓越的自己呢？”

曾总慢慢消化我刚说的话，深吸了一口气，语重心长地说：“是啊，我要感恩曾经帮助过我的人，以及给我设置障碍的人，甚至是泼我凉水的人和骗过我的人。没有他们，我也不会成熟起来。”

感受到曾总的心量格局瞬间大了很多，可以站在“成长和未来”的角度勇敢面对过去的失败，我知道未来商界又会多出一位优秀的老板。

感受到时机成熟了，我向曾总发起挑战：“曾总，你说‘要去感恩’只是一个想法，去表达感恩才是领袖，这说明你从过去的经历中重新站起来了，同意吗？”

曾总说：“是的。”

我说：“那你愿意去向帮助过你的人、给你设置障碍的人、泼你凉水的人和骗过你的人表达感恩吗？”

想法到行动，知道到做到，是一条鸿沟，你真正决定要去做些什么的时候，是需要很大勇气的。

我感受到曾总内心的挣扎，为了鼓励他勇敢站起来，我继续说：“当你下定决心去行动时，你的胸怀、逆商都会得到非常强的锻炼，也证明你真正站起来了。一个人真正的亏损，不是亏损了多少钱，而是亏损了多少斗志和勇气！”

曾总深深地看着我，终于坚定地说：“我马上去做！”

回到公司，曾总把患难与共的几位兄弟召集过来开会，一改前段时间的垂头丧气，朝气蓬勃地说：“兄弟们，在我遇到失败，在生命最低俗的时候，依然有你们陪伴，这是我的福气。前段时间消沉了，对不起大家的信任，今天我正式宣布：我，又回来了！”

兄弟们齐齐动容，拥抱着曾总流下了热泪。

【案例分析】

激烈的商战中，谁也没办法说自己是常胜将军，暂时的失利是正常现象，纵观可以笑傲江湖的企业家，哪个不是九死一生拼出来的呢?

人生真正的失败，不是企业亏损和破产，而是自信心的崩塌、生命力的暗淡。

本案例呈现了一个处在生意低谷的老板，经过重塑自信和重新定义过去所经历的失败，最终站起来的心路历程，为那些经历失败、还在消沉中的老板们赋能。

【老板要做的】

1. 坦然、从容面对失败，从逆境中崛起，方显英雄本色。

2. 为过去的经历赋予意义，让它成为生命中不可或缺的宝藏。

3. 珍惜患难与共的兄弟，感恩给我们带来困扰的人。

【员工要做的】

忠诚。落井下石、大难临头各自飞的心态，永远只能在社会的最底层徘徊。

【训练方案】

列出曾经的失败，找出在失败中可以吸取的经验、教训，把它变成实现下一个目标的资本。

成长手记	

三个臭皮匠如何顶个诸葛亮

俗话说：三个臭皮匠赛过诸葛亮。意思大概是：三个人头脑风暴，能顶得上诸葛亮的智慧。

这样的信念应该很多人会有，在江西开了30多家母婴店的老板华哥就深信这句话。他每天都会和管理团队聊到深更半夜，讨论活动方案，研究怎么管理企业……无论什么问题都会拿出来和团队反复讨论，他只有听到了每个人的建议才觉得有安全感。

有一天，华哥打电话给我说："肖导，我的店铺上季度亏损了。我们讨论的方案挺好的，怎么会亏损，你能不能过来帮我看看？"

于是我到了华哥的公司，他非常热情，组织了40多人来和我研讨到底哪儿出了问题。

我一看这么多人，随口说了句："这么多人啊！"

华哥豪气地说："三个臭皮匠顶个诸葛亮。"

我是来帮华哥成长的，所以并没有太考虑他的面子，直接问道："华哥，这些都是你的高管团队，如果按每3个人顶一个诸葛亮来算，你已经有10多个诸葛亮了。10多个诸葛亮组成的团队，怎么会亏呢？"

华哥听到我的问题，突然一怔，若有所思没有出声。

我们进入会议，听到大家的问题分析，基本上都是谈客观的、他人的问题。就算是有建议，也是停留在他们思维层面的建议，既没高度、也没宽度。不到半个小时，我就停止了会议，打发其他人去上班了，留下华哥单独聊了一会儿。

我严肃地问华哥："三个臭皮匠顶个诸葛亮，实际生活中真的是这样吗？"

华哥沉默了一会儿，说："好像不一定是这样。"

我接着说："我想每家企业都不止三个'臭皮匠'吧，怎么就没有出现一个'赛诸葛'呢？可见，臭皮匠只是臭皮匠，诸葛亮始终是诸葛亮。一直被模仿，从未被超越。"

华哥听完我的话，缓缓地点了点头。

看到华哥在沉思，我停了一会儿继续说："诸葛亮之所以是诸葛亮，原因到底是什么呢？我总结有以下几点值得我们学习的领导力和企业管理的智慧。"

华哥的学习力很强，拿出本子来记录，我分享了对诸葛亮的理解。

一是胸怀，诸葛亮心怀天下，命系苍生；

二是眼界，在茅庐里就定三分天下，战略布局，太宏伟了；

三是学识，军事、政治、历史、心理学、气象学、企业设计学和企业管理学……少有他不会的；

四是非权力性领导力，也是人格魅力，不付钱就有很多人愿意跟着做的领袖特质。

我最后总结说："所以，臭皮匠要想成为诸葛亮，至少先从这四个层面向诸葛亮靠拢。否则，臭皮匠就只能永远是臭皮匠了。”

华哥认同地点头：“肖导，我知道了。我们团队成员的认知水平不高，眼界太低，而且见解也差不多，而我还是这群人中认知和眼界最高的。所以我再怎么和他们讨论方案，也跳不出现在的认知范围。”

我强调说：“你的理解方向是对的，只是我并没有说你不要和团队讨论方案，而是除了和团队讨论方案外，还要借助更有效的资源。”

华哥明悟地说：“我明白了，这就是你在课堂上讲过的‘强关系’和‘弱关系’。‘强关系’是关系比较好的，这样的关系圈，大家认知都差不多；真正能启发我们更多地在‘弱关系’，就是那些还不太熟悉，甚至是不认识的圈子。”

华哥还能记得我课程中的一些内容，我很欣慰。

我肯定地说：“是的，你得有方向、有策略地找到可以帮助你解决问题的诸葛亮。”

华哥感慨地说：“我明白了，我要向刘备学习，既要有桃园结义的兄弟，还要寻找能帮助我的诸葛亮。”

我笑着说：“你形容得还挺贴切的。庆幸的是，诸葛亮时代没地方学习，现代社会只要你愿意，就可以学得到。做企业一定要意识到：企业家的认知边界，就是企业家的上限。所以我们要随时觉察自己的认知程度，通过学习，拓宽认知和突破包容心，这样才能让企业基业长青。”

“看来要好好规划自己的成长才行啊。”华哥说道。

我说："是啊，成长是企业家永恒不变的主题，并且还要规划团队的成长。有一种比较高效的成长方式：企业出现问题时，带着这个问题，找已经解决这个问题的人或者最权威的专家请教，一次性解决遇到的问题。如果能这样做，企业就每天都在成长的道路上了，每遇到一个问题，都是管理上的一次迭代升级。"

华哥动容地说："我知道问题出在哪儿了，我遇到问题也在向人请教，可是我请教的人大多是暂时解决不了问题的人，甚至比我的认知还局限的人。他们确实很热心地给我提出了很多建议，但是这些建议我听了就知道没有任何新意。我在这些没有建设性的讨论中浪费太多时间了，原来请教问题，是要找对人。"

看到华哥视角的拓宽，我感觉很高兴。

我说："是啊，诸葛亮的角色是军师，那么每个老板都必须要有军师。只是现代军师细分了专业领域，不像真正的诸葛亮那么全才。比如我，可以是你心里资本建设、视角拓宽等关于'人'这个领域的军师，你还要找到更多的在别的专业领域可以帮助你的军师。"

华哥开心地说："我明白了，我需要很多不同专业的军师。感谢肖导启发我的认知，你是我生命成长的军师。我现在需要提升业绩，要寻找能帮助我提升业绩的军师，而不是永远和一群臭皮匠讨论如何提升业绩。"

我看到了华哥拓宽了解决问题的思想维度，继续支持他："诸葛亮有诸葛亮的价值，臭皮匠有臭皮匠的价值，他们在自己的领域都很重要，两者很难互换或被取代，你不能厚此薄彼。"

华哥感激地说："谢谢肖导，我知道接下来要怎么做了。"

【案例分析】

网上有这样一句话：每天做着同样的事，还期待有不一样的结果，这种人是精神病。虽然这话说得很绝对也很难听，但是仔细品味，还是有它的道理。

我看到很多企业的做法基本是一成不变，日复一日地重复昨天的做法。市场变了、行业变了，而一成不变的企业，怎么能应对时代的变迁?

想当年，三国时代所有脑袋加起来，也不如一个诸葛亮。由此可见，信奉“三个臭皮匠顶个诸葛亮”的人，一定是个臭皮匠，因为只有臭皮匠才会想着“多几个臭皮匠就能胜过一个诸葛亮”。所以企业老板不能在臭皮匠中找诸葛亮，而是让自己成长到诸葛亮的圈层，并融到诸葛亮的圈层，才有可能找到帮助自己的军师。

当然，“三个臭皮匠顶个诸葛亮”的本意是形容集体智慧的伟大，我们不能否定普通人的智慧。本案例只是站在另一个视角，来启发我们解决企业问题的可能性，以及老板和员工看似积极讨论背后的弊端。

【老板要做的】

1. 既要民主，发挥每位员工的主观能动性，又要有自己的主见，还要有创新力，与时俱进，跟上时代的发展。

2. 清楚自己的问题，找到能解决问题的军师。

3. 突破圈层，和高能量的人交流，觉察不一样的视角。

【员工要做的】

1. 做好本职工作的同时，积极参与公司的建设。

2. 多承担责任，训练能力，才能胜任更高层面的工作。

【训练方案】

找到在各领域可以帮助自己的军师。

成长手记	

提拔错了吗

重庆的杨总是做医疗器械的，销售团队有 20 人。

一年半前，杨总招来了一名新员工黄君。他不是医疗器械行业出身，来到杨总公司算是半路出家。但黄君特别努力，只用了一个星期就熟悉了公司所有产品，每天链接 6 位客户，不管刮风下雨，从来没有停歇过。

皇天不负有心人，市场给了黄君丰厚的回报。短短一年，业绩就超越了入职很多年的老员工，而且是超越了其他所有员工业绩加起来的总和，成了当之无愧的年度业绩冠军。

杨总喜出望外，感觉捡到宝贝了，对黄君欣赏有加。于是力排众议，提拔他为销售部负责人。

不提拔还好，这一提拔问题就来了：半年过去了，黄君不但没有带好整个部门，而且自己的业绩也下降了 80%。这对公司来说，是致命的风险，杨总很苦恼，不知道问题出在哪儿。

杨总是我的老学员，带着问题来请教我，描述了情况后，他郁闷地说：“肖导，我提拔错了吗？”

我感受到了杨总的无助。半年来业绩持续下滑，让杨总憔悴了很多。

为了搞清楚问题出在哪儿，我向杨总了解具体情况。

原来杨总的公司已经做了 15 年，销售团队有 6 位员工是和他一起创业的。这 10 多年，公司陆续留存了一些精英，能留下来的都是曾经的业绩高手。

随着时代发展，老员工的销售方式跟不上节奏。黄君一来，除了他自己足够努力，还用了很多现代的销售方式，做了详细的营销策略，所以业绩突飞猛进。

杨总看到黄君的方式有效，就想提拔黄君负责销售部，普及有效的销售方式，带动整个公司做营销策略。

刚提拔黄君时，大家都信心满满。老员工被黄君的业绩折服，很服从领导，也想跟黄君学习，期待自己能有所突破。

然而，所有人都小看了一个人改变习惯的困难，新销售方案完全执行不下去。

黄君看到老员工总是改变不了过去的习惯，辞退了两个人。同时黄君并没有管理经验，平常的管理风格比较简单粗暴，于是造成老员工的抗拒，执行新的销售方案更加困难。

新的销售方案没有得到有效执行，老的销售方式也受到了很大的影响，两头不着地，所以业绩下滑非常严重。

而黄君自己，也陷入管理混乱中，没有精力开拓和维护老客户，业绩一落千丈。

了解完详细情况，我尝试启发杨总：“黄君做销售时，表现出来的素质和能力有哪些？”

杨总对他很关注，马上说：“特别勤快能吃苦，每天都泡在客户那里；肯付出，只要能帮助客户的立马帮助；专业知识很扎实，能够为客户解决疑难杂症；态度端正，对客户的服务品质非常高；拓客的方式很现代化，能快速获客……”

杨总眉飞色舞地说起黄君做销售时的表现，可见杨总真的很欣赏黄君。又因为业绩突出，这样的员工得到提拔也能理解。

等杨总说完，我继续问他：“杨总，先放下黄君的优点不说，我们来讨论一下：一个优秀的销售管理人员，需要什么样的素质和能力？”

杨总一愣：“业绩好就可以了吧？”

我微笑地看着杨总，没有说话。

杨总经我这么一看，又想了一下说：“不对，销售业绩好和销售管理能力好，是两件事！”

杨总已经有了新的认知，我接着说：“黄君所表现出来的素质和能力，帮助他成了优秀的销售人员，可是他的素质和能力无法复制，你有留意吗？”

杨总这次很干脆地说：“是的，这半年就是这种情况，适合他的方法，别人用不了。”

我继续说：“再来看，黄君在销售员的角色所表现出来的素质和能力，在销售经理的角色基本没有用武之地，你留意了吗？”

杨总又很干脆地说：“是的，比如他很勤快，以前是很勤快地链接客户，很有效；现在他是销售经理，很勤快地链接员工，催着员工出业绩，已经被好多员工投诉到我这儿来了，说是被他烦死了。”

看来，黄君管理员工时，沟通方式没有效果。

我总结说："所以，问题就出在'业绩好就能做好销售经理'的认知上。如果公司想提拔一个业务突出的骨干成为管理干部，必须经过管理干部的相关培训，考核通过才可以上岗。"

杨总欣喜地说："谢谢肖导的启发，找到问题的根源就容易解决了。我当年打工的时候，就是因为业绩突出被一路提拔，后来在原来老板的支持下成了他的供应商，成了现在的老板。所以我一直认为'只要业绩做得好，管理一样做得好'，没想到这个认知是如此的局限。"

【案例分析】

公司的每个岗位，都要有对应的培训机制，因为每个岗位要求的素质和能力不一样，所以需要进行针对性的训练。特别是提拔一位表现很好的员工进入领导岗位，一定要清晰：这个岗位的突出优势，进入下一个岗位可能就变成劣势，所以企业的人力资源，要对每个岗位的详细要求呈现出来，以免老板在用人时出现偏差。

老板的认知局限，往往就是企业发展的局限，而这些局限通常是很隐蔽的，甚至是过去帮助过我们成功的经验。

当局者迷，旁观者清。每位老板身边，都要有帮助自己觉察限制性信念的专业人员辅助。一方面可以预防因为限制性信念出现的系统性风险，另一方面可以拓宽视角，创造新的可能性。

【老板要做的】

1. 重新梳理公司每个岗位的用人标准，检视现在岗位的员工是否符合标准。如果不符合，及时地规划训练机制，帮助其提升胜任力；如果超出标准很多，需要帮助其做好职业生涯规划，以免优秀人才流失。

2. 知人善用，因材施教，就像本案例呈现的一样：适合做销售的，不一定要强硬地拉到销售经理的位置。公司要有多层次、多元化的激励机制，满足不同类型人才的需要。

【员工要做的】

知道自己擅长做什么，把长处发挥到极致。

【训练方案】

1. 觉察在管理过程中出现的情绪，透过情绪探索限制性信念。

2. 找到能帮助自己挖掘限制性信念的专业人士。

<table>
<tr><td rowspan="4">成长手记</td><td></td></tr>
<tr><td></td></tr>
<tr><td></td></tr>
<tr><td></td></tr>
</table>

你喜欢爱提建议的员工吗

上海的吴总为人特别谦卑，经常会主动听取下属的建议。他认为员工能提建议就是参与了公司建设，就是对公司认可，就是员工有归属感的具体表现。

吴总一直鼓励员工要多提宝贵建议，如果提得好，还有奖励机制。于是整个公司就形成了“人人可以提建议”的企业文化，就连保洁大叔都因提建议而获得过奖金。

吴总是我的学员，有次去上海出差，我与他相约到他办公室喝茶。

我进入办公室时，刚好有位员工拿着书面材料来提建议，吴总开心地向我介绍说：“肖导，这位是陈昊，是公司提建议最多的，是公司的大功臣啊！”

“公司大功臣？”我一听也来了兴致，伸手和陈昊握手说：“太荣幸了，很高兴认识你。你提的建议我可以观摩一下吗？”

吴总马上热情地说：“当然可以！来，坐下来，一起研究陈昊的建议，也请肖导指点一下。”

我拿着陈昊用A4纸写的建议，上面就一句话：男厕所小便池下面有很多尿渍，希望公司解决。我翻了一下纸，确定就只有这一句话。

吴总说："肖导，你看这建议提得怎么样？"

我有点疑惑地问道："建议是很好，只是，解决方案呢？"

吴总说："是这样的，能发现问题就已经解决问题的一半了。所以大家先把建议收上来，然后有个问题解决小组，负责拿出解决问题的方案。"

如果员工只是提建议，而没有提供解决方案，那就是在培养员工成为公司的差评师，到处找问题就可以了。如果公司不能有效解决问题，就会引发员工的抱怨。而且，只提建议而没有解决方案，也不能参与解决问题，那么并没有体现员工的参与感，更没有训练员工解决问题的能力。

很显然，吴总进入了一个误区。

为了有效地支持吴总，我请陈昊先去上班了，并鼓励他以后多提宝贵建议。

陈昊走后，我对吴总说："你请员工来，是帮你提建议的，还是帮你解决问题的？"

吴总沉思了一会儿，说："当然是来解决问题的。"

我接着问道："可是，现在鼓励大家提建议的机制，有实现员工解决问题的初衷吗？"

吴总惭愧地说："并没有实现。比如刚才陈昊提的建议，其实之前有好几个人提过，也做了一些改善，只是效果不好。"

我继续支持吴总说："企业让员工参与，群策群力，这是好事。但是群策群力的焦点是解决问题，而不是到处找公司的问题，形成所谓的建议。所以要建立的是'全员改善'的机制，而不是'全员建议’的机制。谁提的建议，必须附上解决方案，哪怕这个解决方案没有效果，那也传递了一个企业文化：员工是解决问题的，而不是光提建议就可以。”

吴总听完，深深地吐了一口气：“肖导，你这一番话，如一个棒子敲在我头上。”

我笑着说：“这话说的，我一棒子打晕你了啊？”

吴总连忙摆手说：“不不，恰恰相反，是一棒子打醒我了。我以前只是鼓励大家提建议，建议提出来后，并没有人去解决，但这总不能全部让我一个人来解决啊。正如你所说，我的企业要的是解决问题的企业文化和人才，而不是光提建议的抱怨者。肖导，谢谢你的点拨。”

对他人有帮助后获得感谢，是件非常有成就感的事。

我开心地说：“能支持到你，我感到很荣幸。其实我刚才去了男厕所，看到小便池上面的标语：向前一小步，文明一大步。这估计就是你们的解决方案吧？”

吴总说：“是啊，我以为贴了标语，员工就能遵守，可是效果不好。”

我哈哈笑着说：“你那个标语字那么小，当然效果不好了。你换成一个笑话或故事，标题字大一点吸引别人，内容字小一点，只有离 50 厘米以内才能看清，试试看能不能解决问题。”

吴总大笑着说：“肖导，这招绝了，没想到你还能解决这样的问题，真是智慧啊！”

我摇头说：“这可不是我的智慧，这是另外的学员公司员工想出来的招。可见，鼓励员工去解决问题，奖金给到能解决问题的员工，员工的智慧一定会超出想象。”

吴总说：“我知道接下来该怎么做了，我要打造‘全员改善’的机制。”

我肯定地说：“这样很好，很多百年老字号的企业，一直都有‘全员改善’的企业文化；又或者说是‘全员改善’的企业文化，让企业在迭代中一直走过了百年。”

【案例分析】

只提建议而没有提出解决问题方案的员工，只是在抱怨而已。哪怕不是自己部门的建议，也必须要把解决方案拿出来。只有这样，才能训练员工解决问题的能力，让员工参与到公司的建设中来。

企业在任何时候，都有很多改善点。所以“全员改善”没有结束的一天，这是一种对待生命持续进步的态度。

老板要明白，哪些问题是当前企业的核心改善点，哪些问题是老板必须要亲力亲为解决的。老板要保持头脑清醒，尽可能一直处在高“比较优势”的状态中。

不需要老板亲力亲为改善的问题，也需要分出轻重缓急。不是所有问题的改善点全部一起改，而是需要统筹计划，以免浪费公司有限的资源。

【老板要做的】

1. 打造“全员改善”机制。

2. 觉察公司里只提建议而没有解决问题方案的员工，教育其停止抱怨，鼓励他站出来解决问题。

【员工要做的】

积极为公司的发展献计献策，并申请成为改善方案制订和实施的一员，以训练自己解决问题的能力。

【训练方案】

对照以下《提案改善表》和《提案评分标准参考表》，打造公司全员改善的机制。

成长手记	

提案改善表

案人姓名		厂　　别		部　　门	
工　　号		岗　　位		提案日期	
标　　题	通过　　　　　　的方式，达到　　　　　　的提案				

改善前	问题描述（数字、文字、照片、图表）：	
	原因分析（主要原因）：	
改善方案	（必须有方式方法的改变，而不是单纯地要求、建议或希望；必须有实施计划的日程安排）	
改善后	提案实施后，已取得的效果（提案人填写）	
	有形效果（需有详细数据，若无则不写）：	无形效果（如对品质、效率、安全、环境的影响）：

提交和审批流程

①直接上级确认	□不是提案	因为	□公司已有规定和要求（如制度、5S 要求等） □只是一些要求或希望，无方式方法的改变 □已有相同或类似提案 □其他原因：	处理：将此表返回提案人，对其进行辅导和培训	签名：
	□是提案、不采纳	因为	□实施难度大，资源不够 □其他原因：	处理：将此表返回提案人，说明原因	
	□是提案、可采纳	交给	实施部门负责人，以决定是否实施（若您就是实施部门负责人，请继续填写第②步）		年 月 日
②实施部门负责人审批	□不同意实施	因为：		处理：将此表返回提案人	签名：
	□同意实施	相关要求：		处理：将此表返回提案人，按第③步	年 月 日
③提案人实施	请提案人自主实施（若无法自主实施的也需跟进实施），实施后，在“改善后”栏填写取得的效果，交实施部门负责人按第④步评分			已实施，请评分！ 提案人签名：　　年 月 日	

④实施部门负责人评分	请按此表背面的标准评分，交改善委员会（注：对未实施的提案进行评分者，口头警告一次）		得分		获得点数		奖励	元
	奖励标准	得分	50分及以下	51~60分	61~70分	71~80分	81~90分	91~100分
		点数	1	2	3	4	5	6
		奖金	5元	10元	50元	100元	200元	300元
	评分人签名：　　年 月 日							

<table>
<tr><td rowspan="3">⑤改善委员会审核</td><td>□不符要求</td><td colspan="3">因为：</td><td colspan="3">请将此表退回评分人，取消此提案</td><td rowspan="3">改善委员签名：
年 月 日</td></tr>
<tr><td rowspan="2">□符合要求</td><td colspan="3">□奖金<50 元</td><td colspan="3">登记到电脑清单，统计指标并奖励</td></tr>
<tr><td colspan="3">□奖金>50 元（含）</td><td colspan="3">按第⑥步执行</td></tr>
<tr><td rowspan="4">⑥奖金大于等于 50 元效果复评</td><td colspan="7">由本厂改善委员会组织相关人员进行复评，本提案得分以复评结果为准！</td><td rowspan="3">复评人员签名：
年 月 日</td></tr>
<tr><td rowspan="3">重评结果</td><td>得分</td><td></td><td>获得点数</td><td></td><td>奖励</td><td>元</td></tr>
<tr><td colspan="6">复评后奖金<50 元，由改善委员登记到电脑清单，统计并奖励</td></tr>
<tr><td colspan="6">复评后奖金>50 元（含），请改善委员交总经理审批后，方可登记到电脑清单中，统计并奖励</td><td>总经理：
年 月 日</td></tr>
</table>

提案评分标准参考表

<table>
<tr><th colspan="2">评价基准
评分项目</th><th>E</th><th>D</th><th>C</th><th>B</th><th>A</th><th>评分结果</th></tr>
<tr><td rowspan="3">有形效果</td><td rowspan="3">40分</td><td colspan="5">实施后月均节约金额（元）</td><td rowspan="3"></td></tr>
<tr><td>500元以下</td><td>501~1000元</td><td>1001-3000元</td><td>3001-5000元</td><td>5000元以上</td></tr>
<tr><td>0~8分</td><td>9~17分</td><td>18~24分</td><td>25~35分</td><td>36~40分</td></tr>
<tr><td rowspan="3">无形效果</td><td rowspan="3">20分</td><td colspan="5">安全、卫生、环境、质量、习惯、制度、积极性提高等</td><td rowspan="3"></td></tr>
<tr><td>有稍微提高</td><td>有一定提高</td><td>有较明显提高</td><td>有非常明显提高</td><td>有突破性改善</td></tr>
<tr><td>0~5分</td><td>6~10分</td><td>11~13分</td><td>14~18分</td><td>19~20分</td></tr>
<tr><td rowspan="3">独创性</td><td rowspan="3">15分</td><td colspan="5">创意、独创性、窍门</td><td rowspan="3"></td></tr>
<tr><td>有稍许新意</td><td>有一定新意</td><td>有独创性</td><td>很有独创性</td><td>特别有独</td></tr>
<tr><td>0~3分</td><td>4~7分</td><td>8~10分</td><td>10~12分</td><td>13~15分</td></tr>
<tr><td rowspan="3">推广意义</td><td rowspan="3">10分</td><td colspan="5">改善内容值得推广利用范围</td><td rowspan="3"></td></tr>
<tr><td>小组内</td><td>部门内</td><td>本厂内</td><td>集团内</td><td>社会上</td></tr>
<tr><td>0~3分</td><td>4~5分</td><td>6~7分</td><td>8~9分</td><td>10分</td></tr>
<tr><td rowspan="3">努力程度</td><td rowspan="3">15分</td><td colspan="5">对提案者来说的实施难度或努力度</td><td rowspan="3"></td></tr>
<tr><td>非常容易</td><td>一些努力</td><td>相当努力</td><td>很努力</td><td>最大努力</td></tr>
<tr><td>0~4分</td><td>5~8分</td><td>9~11分</td><td>12~13分</td><td>14~15分</td></tr>
<tr><td colspan="7" align="right">得分</td><td></td></tr>
<tr><td colspan="8">其他评价：</td></tr>
<tr><td colspan="8">当以上评分奖励大于50元（含）时，由改善委员会组织对以上每一项进行复评。
复评结果：</td></tr>
</table>

一定要洗手才可以用护手霜吗

梅姐很注重公司的团队建设，每年都会组织员工去旅游一次，而且每次都是亲自带队。

今年组织员工去峨眉山旅游，因为团队成员全部参加了我的课程，所以梅姐邀请了我参加。

一路欢声笑语，体验名山大川，大家都很愉悦，感觉不枉此行。

我和团队同行，一路走，一路解答大家在课程中不能领悟、不知道怎么运作的部分，让大家这一路充满了成长性。

来到一处休息点，精致的梅姐准备了护手霜，给洗手回来的同事用。我看到后很感动，老板如此用心，真的是很难得。

梅姐经过我身边，我把手也伸出来说："梅姐，给我也来点护手霜。"

梅姐看我并没有去洗手，奇怪地看着我说："你都没有洗手，怎么擦护手霜啊？"

我也奇怪地看着梅姐，问她："谁说一定要洗手才可以擦护手霜啊？"

梅姐无奈地给我挤了些护手霜说："好吧，真是浪费。"

我开玩笑地说："梅姐，你就大气一点，不就一点护手霜嘛！"

峨眉山回来后，各自投入到工作中。

一个星期后，我接到梅姐的电话："肖导，真心感谢你。"

突然的感谢，让我没反应过来，我问梅姐："发生什么事了？感谢我什么啊？"

"护手霜啊，就是你在峨眉山上对我说的那句话：'谁说一定要洗手才可以擦护手霜'啊。"梅姐说。

我不好意思地说："我说过吗？都不太记得了。"

说者无心，听者有意。我无意中的一句话居然让梅姐有了很大的感悟，随后她说明了情况。

梅姐个性鲜明，对生活品质要求高，在家里制订了很多标准。比如：一定要脱了鞋子才能进房间；必须要用洗手液洗手才可以吃饭；用完了东西必须要放回原位；穿着外衣绝不能坐在床边……

这些标准多年来成了家里的铁律，谁要是违反了这些标准，梅姐就会大发雷霆。

"谁说一定要洗手才可以擦护手霜"给了梅姐启发，梅姐意识到：为什么"一定要怎样才能怎样"呢？这样的思维结构，让梅姐的包容心小了很多，在没有标准的层面建立了很多自以为对的标准，还要求他人遵守。

梅姐意识到，她一直以来用很多标准去操控了身边人，他们一定是有苦难言。而梅姐自己因为有了"一定要怎样才能怎样"的思维，把幸福加上了很多外在条件。当梅姐有了觉察，瞬间打开了自己的格局，释放了思维的局限，内心的爱就升起来了。

从峨眉山回去的一个星期，梅姐的幸福感爆棚，家庭氛围好了很多，每天有了饱满的能量开展工作。

团队管理，以前如果出现了问题，梅姐要求员工一定要马上解决问题才是优秀的员工。而有些员工想的是：不知道怎么解决，或者不是我的工作范畴，不需要我解决。现在当梅姐看到认知的冲突后，就能理解员工站的角度，也就放过了自己，不再那么愤怒，有了耐心和爱心培养员工成长。等到员工成长到有能力解决问题，又得到教育，愿意站出来解决问题，就达到了她的要求。企业出现问题后马上去解决问题，公司优秀的员工会源源不断地产生。

关于薪资待遇，以前梅姐一直认为员工一定要为企业创造价值，才能给予员工更高的待遇。可是有些员工想的是：你给我什么样的待遇，我就做到什么程度。现在当梅姐看到不同想法也就不再抱怨员工自私，自己有了包容心，开始尊重员工的想法，使员工有了更强的归属感。

公司今年的业绩目标是5000万元，梅姐以前一直认为，一定要拓展更大的市场区域才能完成。现在梅姐突然发现不用拓展市场也能完成，于是预防了公司系统性的风险，节省了一大笔开拓市场的费用。

就这样，梅姐给予了员工更大的发展舞台，居然仅用一周时间做到了以往一个月的业绩。而且，对于接下来的公司规划也有了全新的布局。

梅姐还觉察到自己经常用的口头禅：等我退休了，我就可以过上幸福生活。说得好像现在的生活不幸福似的，一定要满足某个条件，才能拥有自己想要的。她反过来问自己，就发现了退休和幸福生活没有逻辑关系：过上幸福的生活，一定要等退休后吗？

等我有了时间，我就可以……

等我有了钱，我就可以……

等孩子长大了，我就可以……

……

这些逻辑，就是“一定要洗手才可以用护手霜”的思维。

而我的那句“谁说一定要洗手才可以擦护手霜”给了梅姐启发，帮助梅姐突破了限制性信念，创造了一系列的可能性。

感受到梅姐成长后的喜悦，我收下了她的感谢，内心充满着自豪。

我期待更多人能放下执念，活出清明的幸福人生。

【案例分析】

“一定要怎么样才能怎么样”的思维结构，是“从因到果”的正向思维，我们还需要“以果导因”的逆向思维，这样才能确保企业发展的方向是对的。

就像开车使用导航仪，先设定要去的目的地。哪怕中途路走错了，路被堵了，都能自动切换新的路线重新启航，永远驶向目的地。

正所谓方向对，就不怕路有多远。所以企业一定要先明确战略方向，家庭也是，人生也是，这样才不会在纷扰的社会中迷失方向，忘记初心。

【老板要做的】

1. 觉察自己一直抓在手上控制的到底是什么，仔细分析是否真的有价值。

2. 觉察自己到底想要的是什么，而设定的前提条件是否真的有必要。

【员工要做的】

1. 觉察自己是不是只站在个人得与失的角度思考问题，比如：给多少钱办多少事；不会做就什么都不用做；事不关己，高高挂起……如果有，问问自己，这样的思维给自己带来的是什么样的生活，这样的生活你满意吗？

2. 把自己想要的生活描绘出来，认真思考：如果要达成想要的生活，需要做出哪些调整？

【训练方案】

列出健康、家庭、人际关系、事业、理财和个人成长等范畴的定势，清晰地描述出来，最好能用数字量化，并有时间检视点。以此为导向倒推现在要种下的因，然后全力以赴去行动，只有种下善因，才能获得善果。

<table>
<tr><td rowspan="4">成长手记</td><td></td></tr>
<tr><td></td></tr>
<tr><td></td></tr>
<tr><td></td></tr>
</table>

拔牙中领悟的智慧

闲来无事，我打电话约孙总喝茶。

电话那头的孙总口齿不清地说："肖导，我刚拔了牙齿，不能喝茶。"

我也遭受过拔牙的折磨，睡不着觉、吃不下饭、面部发肿、苦不堪言。

亲身体会过孙总的痛苦，我知道他的感受，所以就带着礼物去看望他。

孙总在家捂着腮帮子，看上去很狼狈，我开玩笑地说："孙总，怎么搞的啊，老虎成病猫了？"

"小时候吃糖吃多了。" 孙总苦笑着说。

我问道："没听说过你牙痛啊，怎么突然就拔掉了？"

孙总无力地说："五年前看牙医，医生教我怎么使用牙刷、怎么保养牙齿，但是坚持了两周我就把它抛到脑后了。这五年来，牙齿偶尔疼一下，抱着侥幸心理拖了五年，现在已经影响到一排牙都无法工作了，必须拔掉。早知道就好好听医生的话，保养好牙齿了。现在牙拔掉了，影响我的生活品质啊！"

了解了孙总的懊恼，我意味深长地说："是啊，都知道健康很重要，不能抱着侥幸心理，可是我们往往把重要的事拖延了，拖成了很严重的事。其实生活中这样的事很多，往往很重要的事被拖延，直到变成很紧急，不得不做的时候才去做。这是一种生命的模式，不知道耗掉了我们多少时间和精力。”

孙总捂着腮帮子笑着说：“肖导，牙疼你也能悟道啊！”

我说：“算不上悟道，有感而发而已。”

“把重要不紧急的事拖成重要且紧急的事，我在带团队的时候好多次出现这种情况，自己变成了消防员到处救火。看来我拔牙也不是偶然，而是一种自动化模式的必然。”孙总说。

我成功地转移了话题，不至于让孙总把焦点放在牙疼上。

我们接着讨论，我说：“智慧本来就来源于生活，牙疼当然也能给予我们启发。很多领导管理企业，就像牙疼的过程一样，一开始不当回事儿，最后搞得焦头烂额。”

孙总领悟道，说：“是啊，头痛医头、脚痛医脚，没有整体规划和预见性，问题严重到一定程度，只好‘动手术拔牙’了。”

“重要的事在非紧急的状态下布局好，做扎实，这是老板的思维模式。只有这样，企业才不会有系统性风险。”我跟着孙总说。

孙总已经忘记了牙疼，手也不捂着腮帮子了，开始和我认真地讨论起来：“肖导，你启发到我了。我的企业发展到现在，已经相对成熟，未来最重要的是产品迭代，跟上时代发展步伐。只要我现在就开始布局产品迭代，未来一定是引领行业的人。”

我说：“提前布局未来，提前规避风险，提前查漏补缺，重要的事在非紧急的状态下扎扎实实地做到。只问耕耘不问收获，耕耘到一定程度，收获就是水到渠成了。”

孙总的拔牙，给了他深刻的教训，如果早做养护，牙就不用拔了。

由此觉察到，如果企业不提前做好准备，要是到了必须“拔牙”的地步，就承担不起了。

孙总不顾牙疼，马上给管理团队召集视频会议，把自己关于拔牙领悟的智慧分享给团队，然后开始一系列的安排，责令团队绝对不可以把重要的事拖延到紧急状态才完成，否则永远都是恶性循环。

【案例分析】

健康很重要，但是往往不紧急，所以我们并没有真正为健康负起责任来。直到要去医院了，变成了紧急的事，才不得不放下一切来生病。

这样的模式会大量消耗能量，失去创造可能性的机会，每天忙得天昏地暗，然而结果不会陪我们演戏。

所以老板一定要抬头看路，把重要的事在非紧急的状态时做扎实，而不能总是低头拉车，否则前面可能无路可走。

【老板要做的】

1. 让团队每个人把手头上重要且紧急的事列出来，限期完成，杜绝拖延。

2. 把每个岗位重要的事列出来，制订详细的时间检视点，绝不允许拖到紧急状态去完成。

3. 把平常做的紧急但不重要和不紧急也不重要的事授权出去，不要占用自己的宝贵时间。

【员工要做的】

日清日毕，日精进。

【训练方案】

团体固定时间组织会议，互相支持是不是正在做重要且不紧急的事。如果不是，及时做出调整。

成长手记	

应该做和喜欢做到底要做哪个

刚刚大学毕业的小颖，到她爸爸的同学林总开的一家园林设计公司工作。小颖的大学专业是设计，算是专业对口。

林总特别喜欢小颖的设计风格，很有创意，特别时尚，对小颖给予很高的期待。

周末团队聚会，林总看到小颖无精打采，于是关心地问："小颖，刚毕业就找到专业对口的工作，而且你的表现特别优秀，怎么看你闷闷不乐，是有什么心事吗？"

林总对小颖很好，小颖也觉得林总很亲切，平常叫他林叔叔。

林叔叔和小颖爸爸是同学，所以小颖很愿意说心里话。

小颖叹了口气说："林叔叔，你是不知道，我学的是设计专业，可是我并不喜欢这个专业，当初是我爸妈给我定的专业。现在来到公司，天天要加班，工作永远做不完，这样的工作方式我不适应，还好有你和同事们关心，让我坚持了下来。"

不同年龄的人有不同的苦恼，林总是过来人，能感受到小颖的不容易，也很感恩她能说出心里话。

林总思维很开明，觉得年轻人选择机会多是好事，所以林总并没有强求小颖一定要在自己公司上班，而是站在为小颖好的角度思考。

林总亲切地问小颖："既然你不喜欢设计专业，也不喜欢目前的工作方式，那是什么原因让你选择了这份工作？如果我没有记错的话，你加入公司之前，公司清楚地告诉你工作方式了啊。"

小颖又叹了口气说："没办法，暂时没有找到更好的，只能被迫先做着了。林叔叔不要怪我直接，你对我很好，公司也特别好，我只是分享我当下的真实想法。"

林总说："不要紧，你能和我说真实的想法是对我的信任，我怎么会怪你呢？"

林总知道，小颖的认知过于局限了，所以就想让小颖看到更多的视角。

站在支持小颖成长的角度，林总说："如果不做这份工作，毕业就等于失业，就没有一份稳定收入，会影响生活品质，逻辑是不是这样的？"

小颖想了想说："是啊，就是因为有这样的考虑，不想毕业就失业，所以我才做这份工作的。"

林总继续启发小颖："那我可不可以这样理解：你选择的这份工作，是你当时乃至现在最好的选择？哪怕是你不喜欢的，也是你最好的选择？"

小颖想了想说："当时选择这份工作的时候还有别的选择，是我对比后选择了这份工作，因此可以说在这里上班是我当下最好的选择。"

"既然是最好的选择，那么这份选择都有哪些价值呢？"林总认真地看着小颖说。

小颖第一次思考"选择"会有什么价值，想了一会儿说："可以让我暂时有锻炼的平台；可以解决当下的生活费；可以有窗口了解社会；可以强化设计专业……"

小颖在林总的启发下，总结出十多个价值，当这些价值一一呈现出来，小颖突然大声说："哎呀，林叔叔，我发现我不是被迫的了。我选择的就是当下最好的选择，'选择'就一定是有价值的！"

林总很高兴看到小颖成长，接着说："我们每天都会做很多选择，选择了这个，就意味着要放弃那个。既然你所选择的是当下最好的选择，那这个选择一定有其正面动机和价值。"

小颖说："我明白了，不能一边选择，一边后悔自己的选择，感觉是被迫的选择。"

林总说:"你的悟性真好,都可以举一反三了。所有被迫的选择，其实是选择了被迫而已。"

小颖嘿嘿笑起来了，一扫刚才的无精打采。

林总继续说："人们往往会用喜欢和不喜欢来评判选择，在我看来，成熟的标志之一是选择应该做的，并且把所选择的赋予价值，成为喜欢的；而不是选择喜欢的。毕竟喜欢的背后有太多的局限，外在的环境不会因为喜欢和不喜欢而发生改变，能改变的只有自己，只有去适应。"

小颖眼中带着光泽说："是的，上大学的时候老师讲过：人们要适应环境，而不是环境适应我们。"

林总说："道理谁都知道，可要做到非常难。每个人都有舒适地带，当习惯了舒适地带后，再去适应新的环境，这可不是一般人能做到的。”

小颖诚恳地问：“林叔叔，有没有什么方法适合新的环境呢？从学校来到企业一个星期了，我依然感觉很不适应。”

林总说：“可以从简单的练习中，拓宽舒适地带，这样你的适应能力会持续提升。比如品尝从来没有吃过的口味，这样就能了解不同口味的人，体会他们的感受；换一款从来没有穿过的衣服，感受他们的喜好；听一首从来没听过的音乐风格，感受这样的音乐风格在传递怎样的生命状态；看一场从来没有看过的电影，去体会不同的人生……这些简单的练习，可以在潜移默化中拓宽舒适地带，帮助我们适应不同的环境。”

小颖记下了林总的方法，感慨地说：“我的舒适地带太窄了，一直活在自己喜欢的世界里，可选择的余地也就很少了。”

林总点头肯定地说：“是啊，只有适应更多的环境，才能增加更多选择的可能。我们一边要为选择负责，赋予现在选择的价值；同时能成长起来，给自己创造更多选择的机会。”

小颖坚定地说：“林叔叔，我决定好好留在公司，把现在的不适应当作成长的磨刀石。这是我应该做的，要把‘不喜欢’做到有价值。如果这里我不能适应，去到哪儿都是不适应。”

林总哈哈大笑说：“欢迎欢迎！公司就是你的舞台，任由你发挥。”

【案例分析】

人成熟的标志之一，是做好应该做的事，而不是只做喜欢做的事，不喜欢的事不做。

我们当下的选择，不管是自己喜欢的还是不喜欢的，都是当下最好的选择，都有其正面动机和重要价值。所谓的被迫，是一种受害者心理，要为自己的选择负 100% 的责任。

然而，我们相信，任何时候，每个人都有更好的选择，这是人类进步的重要信念。只有把当下的事情做好，持续地成长，才能有机会拥有更好的选择。

凡是那些一边抱怨选择，一边安于现状，还想天上掉馅饼的人，注定浑浑噩噩荒度余生。

【老板要做的】

1. 站在员工成长的角度，全心全意为员工着想，会更容易收心、收人。

2. 觉察团队中“被迫者”情绪，针对性进行教育，既帮助其改善情绪，又能提升工作绩效。

【员工要做的】

1. 勇于向老板倾诉心声，这样才能得到更多的支持。

2. 选择了就要承担，不要抱怨别人和环境。

【训练方案】

1. 列出曾经的重要选择，觉察自己面对选择的态度，重新给这份选择赋予价值。

2. 为当下的选择赋予价值，享受当下的选择带来的幸福。

3. 列出未来想要选择的是什么，觉察现在还缺什么，才有条件选择想要的。然后制订详细的可行性方案，脚踏实地执行。

成长手记	

如何自动生发能力

重庆的尹总做品牌服装，有近20家直营店。

他的团队成员陆续来学了我的课程，团队工作积极性强了很多，主观能动性也比以前好了太多，业绩有了明显提升。

尹总还想再进一步，所以问了我一个问题："肖导，在你这儿学习了实用心理学后，大家都很愿意做好，可是能力不够，不知道怎么做更好，你能不能教点技能？"

"你是想让我教你怎么把衣服卖出去是吗？"我说。

尹总说："是啊，以前大家执行力不够，懒散，现在激情都出来了，可是不会做。"

我认真地对尹总说："你是做品牌服装的，你在代理这个品牌时，公司不是把整个品牌运营体系都教给你们了吗？"

尹总说："那可不一样，你教的大家能听得进去。公司也教了我们，但大家执行不到位。你就不能开一些技能类的课吗？"

尹总问出这个问题，就说明他还没有真正领悟我的课程，没能透过我的课程生发能力，依然在向外求索。关键点不是要教他们技能，而是教他们把曾经学过的管理体系执行到位。

大多数的代理品牌，不只是输出产品，还会输出企业运营的整套方案，别人代理的时候才能系统化地开展工作。可是落实到一线时，就会因为各种因素变样了，从本质上来看，并不是缺技能，而是心态问题。

当然，如果品牌方暂时没有很成熟的整套企业运营方案，代理有很强的意愿做好时，这些方案代理也很容易找到。所以归根结底还是心态问题。

我想了一会儿，笑着问尹总："你代理的是国际大品牌服装，为什么不同时卖短裤和袜子呢？"

尹总无言以对。

我接着说："每家企业都有自己的战略定位，每个人都有自己选择的道路，我选择的是支持他人'自动生发能力'的路径，而不是简单地教他人技能。"

尹总听得很认真，我继续说："网上资料显示：现在的新技术信息每两年增加一倍，意味着大学一年级学习的知识，到了三年级已经过时一半。随着5G时代的到来，未来已经扑面而来。也就是说，我今天教的技能，过两年就可能淘汰了，唯有具备'自动生发能力'，才能应对社会的变迁，才是王道。"

尹总若有所思，点头说道："嗯，我很认可肖导说的，是我浅薄了。培养学员'自动生发能力的基因'，够专一才能够专业，如果真的能做到，那绝对是一项伟大的工程。"

我感叹地说："是啊，一项伟大的工程，很不容易。好在经过这10多年的努力，已经在道上了。比如你的团队，经过培训，主观能动性和执行力都强了很多，这不就是'生发能力'的基因之一吗？有了这个基因，你带大家训练、执行和复盘总部的运营体系，就可以很快走上轨道。你们公司是国际大品牌，我再怎么教你们卖衣服，还能比你们国际性的公司强吗？”

尹总一听，恍然大悟：“我明白了，心态好了、意愿强了、视野开阔了，技能也就水到渠成了。只要我把店务管理、日常销售技巧等抓起来，业绩自然就更好了！”

我说：“而且，你不能抓一下停一下，要留出时间和预算，打造员工能力训练的机制。你要知道：上轨道比上业绩重要。”

尹总说：“总公司也有训练机制，我就是一直没有真正落实，谢谢肖导提醒。”

我笑着对尹总说：“你是什么都知道，就是不去做，当然做不到了。其实你让我教技能的心态我是能理解的，不少老板来我这儿学习，发心就是想学个一招半式，马上回去赚钱。但是这一招半式会过时，为什么大家不能思考一下如何举一反三呢？如果自己能举一反三，那不是一通百通、一劳永逸吗？”

尹总说：“这样说来，大家还是浮躁了。毕竟学一招半式不用动脑筋，拿回去就能用。思考一招半式背后的原理，得花时间研究，伤脑筋。费时费力，不愿意思考也正常。”

我表示很无奈，难道大家不知道“磨刀不误砍柴工”的道理吗？

我接着说“其实我教的，是积累财富的底层逻辑，是掌握规律，是技能背后的方法论。这些才是‘自动生发能力’的关键基因。”

尹总疑惑地问我：“哦？我怎么没领悟到呢？”

我开玩笑地说：“你都说自己浮躁了，一心想赚快钱，哪还能领悟到更深的层次啊？哈哈哈！”

尹总尴尬地说：“知道了肖导，就是因为高度不够才来向你学习的。刚才说到‘生发能力’的关键基因，还有哪些基因呢？”

尹总是非常上进、谦虚的老板，看到尹总的认真，我继续说："人性的规律、性格的规律、情绪的规律、思维和行为模式的规律、成功者的成功规律……这些都是我在课程中教过的。当然，要想'生发能力'，还需要掌握更多规律，比如经济规律、企业设计规律和企业运营规律等，你先把我教你的这些规律用心领悟吧！"

尹总听完我的解析，深深地吐出一口气说："肖导，我当时来学习，只想着来学我想学的内容了。我觉得重要的，就认真听了；我觉得不重要的，就没认真听。原来重要的东西全在我认为不重要的范畴里面，我要来复训！"

我说："欢迎你来复训。只是，你的团队经过我培训后，现在斗志昂扬，你先把握这个绝好的时机，彻底执行总公司的运营体系，让大家的技能和工作习惯训练成本能。"

尹总说："好的，执行中最难的就是员工意愿度，要改变习惯，会让员工觉得很不适应。来肖导这儿培训后，已经把这个最难的问题解决了，我马上安排深度执行。"

【案例分析】

有位哲学家说："全世界的每座山，都有其秀丽的景色，但是当你到了6000米的高空，就只有一个颜色，那就是白雪皑皑。"

只有站得够高，才能看清事物的基本规律。

而老板就是要站高一些，领悟基本规律，才能永远站在时代的潮流。自动生发智慧，生发源源不断的能力。

市场上有太多的学习机会，甚至有些老板是"课虫"，什么课都上过了。于是就可能变成"老油条"，感觉自己什么都知道。去学习的时候，老板挑自己喜欢的、认为重要的学，其实不知道应该学习什么，这样就会浪费很多的时间和精力。只有潜心研究方法论，掌握背后的规律，才能让学习变成成长，才能更好地生发智慧。

【老板要做的】

1. 掌握规律，而不是零敲碎打地掌握一些局部方法。

2. 心态决定一切，要有激励与挑战的能力，让员工发挥主观能动性、超强的意愿度。

3. 懂得规划成长，而不是停留在学习层面。

【员工要做的】

1. 不折不扣地执行到位，先僵化，再优化，再固化。

2. 遇到不习惯的时候，就是训练能力的时候，而不是一直用习惯的方式工作。

【训练方案】

1. 组织团队头脑风暴，拆解公司运营的底层逻辑。

2. 梳理曾经参加过的培训，提炼每个内容背后的方法论。

成长手记	

怎样成为“武林高手”

王总通过校园招聘，精挑细选地招收了20名高才生到公司做销售，他心想：有这些好苗子，假以时日，一定可以为公司创造辉煌业绩。

正当王总憧憬未来的时候，发现有一位叫程宽的大学生不按常理出牌：不按要求做目标、计划，也不能完成业绩任务，甚至很抗拒领导的高要求。

王总心想：好不容易淘来的大学生，一定要好好培养，不能因为一时跟不上节奏就淘汰了。于是，他决定亲自找程宽面谈。

王总说：“程宽，你还这么年轻，多努力挣点钱，也好多孝顺父母，自己也能改善生活环境。”

程宽说：“王总，谢谢你的好意。我们全家人都是佛系弟子，早就放下了，钱财乃身外之物，不用强求。”

王总听到程宽的回答，竟然一时语塞，内心苦涩，没想到程宽是这样的思维模式。年纪轻轻的，什么都没有拿起，拿什么放下呢？这分明就是在逃避现实，还把佛祖搬出来了。

这些大学生来到公司，公司为他们提供了力所能及的最好待遇，本以为可以创造更大的效益，没想到居然早就被“放下”了。

虽然王总对程宽的思维模式很恼怒，但还是理解现在的年轻人，他很想帮助程宽成长起来。

王总定了定神，对程宽说："我尊重你的想法，年轻人有想法是好事。我也经常拜佛烧香，也有自己的一些看法，能和你交流一下吗？"

程宽没想到王总也是"同道中人"，开心地说："可以啊！能和王总交流，我很荣幸。"

王总说："现在网上流传一个词语叫'佛系青年'，把那些不上进、没有目标感、做一天和尚撞一天钟的人称为'佛性'。然而在我看来，这是对'佛'的侮辱。但凡能成佛的人，哪个不是有大愿景、大目标的人呢？比如释迦牟尼佛的 500 大愿、阿弥陀佛的 48 个愿望和地藏菩萨'地狱不空誓不成佛'的誓言。佛的这些精神都是我们要去学习的，你是佛系弟子，更要有胸怀天下的愿景、心系苍生的目标，你觉得呢？"

程宽一愣，没想到王总的看法和自己的看法完全不同，一时不能完全消化。

王总继续说："老祖宗告诉我们要修身、齐家、治国、平天下。因为我们有'胸怀天下的愿景和心系苍生的目标'，所以必须要把当下的每一件小事做到极致。比如在学校里努力完成学业，在公司里实现既定的业绩目标，在家庭里做个好儿子，你说是不是这个道理呢？"

程宽终于有些动容，他开始意识到，自己的思想好像进入了一个误区。

程宽有些自责，不好意思地对王总说："谢谢王总指点，我以前好像理解偏了。"

王总和蔼地说："不用自责，我只是谈了我的看法，拓宽你的视角，这样才有更多的选择。"

王总没有批评程宽，也没有否定程宽的想法，这让程宽感到心里很温暖，也很容易让程宽接受新的视角。

王总继续说："还有，关于'放下'我也有自己的看法。我们说的'放下'，是放下情绪、浮躁和执念等，而不是放下梦想和目标。试想一下，年轻人如果放下了追求、希望，那人类会怎么样呢？"

程宽感激地说："王总，我明白了。我之前的想法太幼稚了，钻到牛角尖里去了。"

看到程宽的觉醒，王总很欣慰。

这些孩子来到公司，老板就是他们的大家长。王总知道自己的责任重大，要帮助他们持续成长，训练他们成为现代商战的"武林高手"。

为了启发程宽，王总讲了一个故事。

有位年轻人很想修仙，听说有座山上有神仙，于是不辞劳苦去求学。

神仙看到他的赤忱，决定训练他一番："你就住在山下，买一头10斤的小猪，每天抱着猪到山顶，然后再抱下来，如果你能坚持做到，我就收你为徒。"说完神仙就消失不见了。

年轻人得到神仙点化，每天抱着猪上山下山。

一年过去了，旁边的邻居都嘲笑他说："你这个智力障碍者，上山下山来回30公里，整天闲着没事做，天天抱个猪跑来跑去，抱猪要能修仙，我也天天抱去。"

年轻人充耳不闻，继续每天抱猪。

三年过去，神仙再也没有出现过，年轻人依然不折不扣地完成神仙的嘱托，每天抱着猪上山下山，村里的邻居已经把他当作怪人，没有一个人理他，觉得他是神经病。

有一天，一群悍匪闯进村子抢劫，所有的村民无计可施，年轻人看到后，马上站出来制止悍匪，悍匪人多，上来准备殴打他。年轻人下意识地格挡，神奇的一幕发生了：悍匪被年轻人轻轻一挡，瞬间弹飞了出去。年轻人也很诧异，全力和悍匪战斗到一起，一拳一个，打得悍匪满地找牙，落荒而逃。

这个时候，所有的村民都用神奇的眼神看着年轻人，大家都知道他一天武功没练过，怎么就成为武林高手了？

年轻人也不知道怎么回事，正当大家疑惑的时候，神仙现身了，笑着对年轻人说：“三年前的小猪，现在已经是500斤的大猪了，你每天抱猪上下山，循序渐进，坚韧不拔，已经完成了基本功的训练，我收你为徒，跟我走吧。”

程宽听完故事，依然意犹未尽，激动地说：“基本功的训练，才是我们这些大学生最需要的。谢谢王总，我把这个故事讲给其他同事听，我要和他们一起沉淀下来，苦练基本功！”

王总高兴地看着程宽的思想转换，之前的老气横秋，变成了现在的朝气蓬勃。

看着年轻人的生命力，王总内心充满着激感。

【案例分析】

既要有胸怀天下的愿景，还要有心系苍生的目标，更要有脚踏实地的行动。

市场竞争非常惨烈，客户已经被商家教成了专家，任何偷奸耍滑都将受到市场的严惩。唯有忍得住清贫、耐得住寂寞，苦练基本功，成就“武林高手”，才更有机会应对市场的考验，获得客户的青睐。

【老板要做的】

做员工的管理者，还要做员工的老师和心灵导师，做员工成为“武林高手”的教练。

【员工要做的】

1. 理解什么是放下，觉察自己放不下的到底是什么。

2. 盘点基本功掌握情况，勤练基本功，让自己成为“商战特种兵”，成为“武林高手”。

【训练方案】

制订公司的基本功训练体系，成为日常工作的重要一环。

成长手记	

不严谨的朱总

朱总公司做游泳设备，一年 7000 万元的营业额，他与客户的关系维护得特别好。

我组织一批同学去他的公司参观学习，座谈会时大家就朱总公司的来年规划展开讨论。

我问朱总："你已经做到同行业全省第一了，真是了不起！下一年度的目标定出来了吗？"

朱总很快回答说："定出来了。能有现在的成绩是团队努力的结果，但是也有运气成分在。下一年度准备和今年持平，目标定了 7000 万元左右。"

有同学追问道："那是左，还是右？"

朱总："就是 7000 万元左右，没有具体数字，毕竟市场波动太大了。"

来参观的同学面面相觑。

我问朱总："那你准备在哪些区域完成呢？"

朱总马上回答："今年准备多开拓两个省。"

又有同学追问："准备开拓哪两个省？"

朱总说："现在还不知道，先派人去试试看。已经派人去五个省了，还没有反馈哪个省好做。”

来参观的同学齐齐发出声音：“这样都行？”

朱总有些茫然地说：“怎么不行呢？这么多年都是这么过来的啊！”

朱总的经验取得了很大的成功，尽管没有管理上的严谨性，但是过去取得的结果是好的。

然而，过去取得了好的结果，不代表以后一直能。

只是，如果你告诉一个躺在成功经验里的老板“你过去的经验过时了，不能用了”，对方的接受程度是有限的，所以最好是循序渐进地启发。

“完成下一年度 7000 万元左右的目标，当前最核心的瓶颈是什么？”我问朱总。

朱总想了一会儿说：“市场因素、团队因素、产品因素和资金因素都很关键。”

朱总把能想到的都说了一遍，可见他并没深入思考“最核心的瓶颈”，也没有相关的数据统计，支持他分析核心瓶颈是什么。

我真切地感受到，像朱总这样的民营企业家是多么的不容易。没有人教过他们怎么做老板，于是摸着石头过河，走一步看一步地走出了自己的道路。

总体来说，朱总是幸运的，绝大多数人是走不到朱总这个位置的。

然而现代市场的竞争，必须要有现代的管理思维和体系。特别是企业领导人，一定要有以终为始、模仿卓越的顶层思维能力。

如果依然是“走一步看一步”的管理思维，一步踏错将是终身的错。

朱总看我们都在沉思不讲话，主动说：“肖导以及各位同学，你们来到公司，就是帮助我成长的，不用顾及什么，看看我当下最需要成长的是什么，还请直言相告。”

我被朱总的率性打动了，直言不讳地说：“你个人要成长的很多，企业要完善的也很多，需要循序渐进，一步步来。我觉得当下最需要成长的，是你的严谨性和预见性。”

朱总心里也知道要成长的很多，只是他不知道要从哪儿开始，也不知道到底要成长些什么。现在听我说到“严谨性和预见性”，马上思考起来，想了一会儿，说：“肖导，你说的严谨性和预见性能不能具体些？”

“比如你定的目标是 7000 万元左右，这就是不严谨。严谨的老板思维是确定一个准确的数字，这就对未来有了预见。然后从这个准确的数字倒推战略布局和战术。”我耐心地解释说。

有位同学补充：“你没有调研市场，直接安排员工去尝试哪个省好做，这就是没有预见性，很不严谨的见招拆招。”

另一位同学接着说：“再比如核心瓶颈，之所以叫核心，就因为只有一个因素，不是你说的一堆因素。如果不能很严谨地分析核心瓶颈，你有可能浪费很多资源，企业整体依然没有有效产出，看上去是在改善，实际上利润不会增加。”

朱总用心思考了一会说：“我们团队在开会时，有些员工也提醒我现在走一步看一步、见招拆招的风险太大了，我觉得他们说得有道理，只是我不知道该怎么做。大家刚才拿具体事件‘比如’，让我看到了方向，以终为始，才能预防系统性风险！”

我点头肯定了朱总的理解。

朱总继续说："要预见未来，制订严谨的战略目标，倒推战略区域，然后找到战术中最核心的瓶颈因素，集中打攻坚战，突破瓶颈！"

大家听了朱总形象且深入的理解，纷纷给朱总送上了大拇指点赞！

我总结说："思考方向是这样。朱总能瞬间说出严谨性和预见性，并能举一反三，值得我们敬佩。"

朱总也开心地笑着说："感谢大家来公司参观，先从严谨性开始，预见未来，一步一步成长。"

我们走后，朱总马上召集高管团队开会，分析数据，根据趋势预见未来，严谨地确定了目标，并找到了当前的核心瓶颈。

10 个月后，朱总带了好多礼物来看我，高兴地说："肖导，我 10 个月就完成了一年的目标，特意来感谢你。"

我问朱总："怎么突然这么厉害？"

朱总说："以前乱打仗，自从上次你带同学们去我公司给到支持后，我们制订了非常严谨的目标执行机制。狠抓了 10 个月，居然完成了一整年的目标。"

【案例分析】

左右、差不多、可能吧、应该是……这些模棱两可的字眼，有可能不经意间从老板的嘴中传出。如果顾念到沟通的艺术，这些字眼是可以理解的；如果是用在企业管理，这些字眼可能会给企业带来致命的风险，因为这背后传递出管理者的不严谨，对企业没有系统的设计，对未来没有很强的预见性，基本处于走一步看一步的状态，风险极大。

【老板要做的】

1. 觉察自己在管理团队的时候是否有模棱两可的表达方式，而这种表达方式是否有效。

2. 对公司现金流、利润、新增库存、收付差和营业额等关键指标进行梳理，重新分析这些数据的严谨性。

【员工要做的】

配合公司制订的目标，分解自己所在的岗位，严谨地制订行动计划并执行。

【训练方案】

1. 工作中留意同事间的表达方式，有没有在该严谨时却表现得很随便，如果有，及时纠正。

2. 通过趋势分析、收集行业前几名的数据等方式，对照自己公司的数据，觉察是否有预见性。

成长手记	

“用人不疑、疑人不用”符合管理逻辑吗（上）

黄总打拼了20多年，对跟随他的员工非常信任，一直秉承“用人不疑、疑人不用”的管理逻辑。他团结了一群兄弟，一度成为小有名气的老板。

前年，黄总投资了新项目，自己负责。他在原来跟随的兄弟当中提拔了一位当总经理，帮他打理老本行。这位兄弟跟了黄总10年，彼此非常信任。

黄总对他提拔的总经理说：“兄弟，用人不疑、疑人不用，你现在是总经理了，放手做吧。”

就这样，黄总投入到了新项目。老本行那儿托付给了总经理，自己做起了“甩手掌柜”。

总经理感恩黄总的信任，非常敬业，努力工作，一心想做出成绩来报答黄总的知遇之恩。可是，他在无意中犯了非常大的错误，导致黄总承担了巨额赔偿，公司就此破产。

黄总来我的课堂学习时分享说：“都怪我瞎了眼，用了不该用的人啊！”

我感受到了黄总的自责，还有怨气。企业破产不可怕，而老板的自责和怨气会让人失去斗志，这才是真的可怕。

黄总只是意识到用错了人，但还没有看到底层逻辑。

我引发他思考说："黄总，你一直坚信'用人不疑'，你用的人犯错了，那么用人到底是该疑还是不该疑呢？"

黄总说："我也搞不清楚了。"

曾经深信不疑的信念瞬间崩塌，内心茫然也是情理之中。

我带黄总区分："我们选择用的人，是在能力和人品上都得到了认可才会用。但是任何人在工作中都有可能犯错，所以用人的同时要建立检视机制，保护好用的人，预防出错。也就是说，用人就要疑，但是疑的不是他的能力和人品，而是有可能会犯的错误；检视他并不是怀疑他的能力和人品，而是为了保护他不犯系统性错误。"

黄总听到我的区分，认知上有了新的视角，总结我的话说："肖导，这就是你在课堂上讲的把人和事分开来看吗？用人要疑，疑的是做事会犯错，而不是怀疑这个人？"

我回应说："是的。"

黄总恍然大悟："我知道根源在哪儿了。我坚信'用人不疑'，用了人后就再也没有管他，只看结果，忽略了过程中的检视和考核。我把这样放手不管当成了老板的大气与格局，原来真正的大气与格局，是对员工的保护！"

我说："是啊，你检视、考核员工，是真的爱员工，保护他们不出错的同时，还督促他们进步，这才是老板的大气与格局。"

黄总懊悔地说："其实我们公司是有检视与考核体系的，只是总经理在检视考核下属，而总经理自己没有在检视考核范畴内。现在想想，我对自己的保护都没有，根本不是用错了人，而是认知水平太有限了。"

我带黄总做成长总结，让他在过去的这段失败经历中吸取经验教训，感恩过去遇到的人和发生的事。黄总的情绪慢慢高涨起来，对自己的未来重新燃起了自信。

“黄总，‘用人不疑’有了新的视角，那么疑人要不要用呢？”我说。

黄总马上说：“我都怀疑他了，还怎么用？当然是离得越远越好了！”

我对黄总微笑着说：“格局啊格局……”

黄总诧异地问我：“难道，怀疑的人也要用？”

我笑着说：“怀疑的人当然暂时用不了，但是也不至于让他离你越远越好。那些让你怀疑的人，同样可以是你的贵人，想想你怀疑的人，在告诉你需要成长些什么？”

【案例分析】

企业小的时候，大家经常在一起，老板能顾得过来，有错误及时调整。

当企业做大后，老板顾不过来了，就必须要有系统管理，否则犯了错误，不能及时发现。

没有可复制的系统时，有些老板总想找个职业经理人打理本业，自己抽身出来做点别的事，这种思想很有风险。

很多中小微企业都有绩效管理，奇怪的是老板以及个别高管，不在绩效管理范畴内，有点“刑不上大夫”的感觉，又或者简单粗暴地用“赚钱或亏损”来衡量老板的工作表现好不好。

“老板”也是企业里的一个岗位，而且是最高岗位，既然是个岗位，为什么不做日常过程考核呢?

过程考核不是为了约束谁，而是确保不犯错，确保在正确的道路上发展。

【老板要做的】

1. 做好考核、检视机制，保护好重要的人才。

2. 明确考核指标，老板不是公司的“免检人物”。

3. 觉察管理逻辑，是否真的有效果。

【员工要做的】

清晰自己岗位的绩效指标，全力以赴达成指标，最好能超越指标。

【训练方案】

梳理公司的检视机制是否运营正常，是否能达到公司发展的需要。

成长手记	

“用人不疑、疑人不用”符合管理逻辑吗（下）

黄总一时没有反应过来，咀嚼着我的话：“我怀疑的人，在告诉我需要成长些什么？这么说来，我怀疑的人是成长的一面镜子？反馈能力不够，我需要成长？”

有一些思维路径，如果从来没有思考过，理解起来需要转一个弯，但是一旦想明白，就会是一片新天地。

我翻个白眼看着黄总说：“不是你需要成长，难道要去改变你怀疑的人，让他长成你不怀疑的样子？”

黄总不服气地说：“那要是别人怀疑我呢？”

我坚定地说：“也是你成长。别人都已经怀疑你了，说明你的模式没有效果。”

黄总一听急了：“凭什么都是我成长，而不是我怀疑和怀疑我的人成长啊？”

习惯性指责、向外求索的人，很难理解“我是一切的根源”，内心会不平衡，感觉自己吃亏了。

黄总被自己的话吓着了，突然想明白了，激动地说：“哦！我明白了，我是一切的根源，肖导训练过。我不信任别人，是暂时没有能力信任别人，我要成长；得不到别人的信任，是我暂时没有能力让别人信任，也是我要成长。还好我想明白了，要不成为怨男还不自知。”

我微笑着说：“你已经是怨男很久了，不过你能想通，可见孺子可教也！”

黄总尴尬地笑笑，接着说：“我怀疑的人暂时驾驭不了，暂时不能用，但是可以用来照镜子，告诉我暂时不具备的能力，他们是支持我成长的贵人。所以我不能远离，而要心怀感恩，感谢他们给我照的镜子，并让我在镜子中找到成长点，快速成长自己。”

我说：“很好，你能站在这个视角，格局瞬间大了很多，境界瞬间高了很多。”

黄总感激地说：“谢谢肖导点拨，让我多了视角。信任他人是关于自己的能力，和他人的表现无关。”

我说：“信任不单只是关于自己的能力，也关于自己的能量。”

黄总追问我说：“肖导，信任也是能量，能不能解释一下？”

为了让黄总明悟，我给他讲了个故事。

有位算命先生，每天戴着墨镜在天桥上摆摊，几天都没有生意。这时看到一位年轻人，他马上拦下年轻人：“年轻人，你印堂发黑，下周一中午 12 点，你家的暖水瓶一定爆炸，你要多加小心。”

年轻人本来不相信，听算命先生说得如此坚定，反问道：“你确定？”

算命先生说：“你可以先付一半的钱，如果我算准了，你再给另一半，如果没算准，先付的一半退还你。”

年轻人记得每天上下班都能在天桥上看到这位算命先生，而且也没有多少钱，将信将疑地付了一半钱回家了。

虽然年轻人不信算命，但是随着时间越来越近，他起了好奇心，一边想着：这怎么可能；一边又想着：我倒要看看暖水瓶怎么爆炸。

周一那天，年轻人请假了。

老婆问他："你怎么不上班，身体不舒服吗？"

年轻人不好意思说留下来是为了监视暖水瓶，就找了个理由说："没事，今天我轮休。"

老婆听到老公今天不上班，就炖了排骨，临出门的时候对老公说："你过两个小时把火关一下。"

年轻人随口应道："好。"

老婆走后，年轻人坐在沙发上，把暖水瓶放在茶几上，一边看电视，一边盯着茶几上的暖水瓶。

时间一分一秒地过去，年轻人没有心思看电视，一直盯着暖水瓶。

老婆 11 点半下班，开开心心地开车 20 多分钟到家，发现炖的排骨早糊了，老公目不转睛地盯着暖水瓶。

老婆一边生气老公没有关火，一边担心老公，不知道发生什么事了，小心翼翼地问："老公，怎么了？"

年轻人正聚精会神地盯着暖水瓶，头也不回地对老婆说："别吵我，忙着呢。"

老婆一听更愤怒了："忙你个大头鬼，让你关个火都做不到，盯个暖水瓶叫作忙？这个暖水瓶有什么好盯的。"

说完拿起暖水瓶，啪的一下摔在地上。

爆了，12 点的钟声刚好响起。

故事讲完了，黄总听得入了迷，过了好一会儿才反应过来："暖水瓶真的 12 点爆了！"

我说："是啊，你觉得这暖水瓶爆炸，为什么会被算命先生算准？"

黄总说："这哪里是算命的算得准，本来就没有这些事，这是年轻人自己'作'的啊。"

我微笑着说："所以，信任是能力，也是能量。如果年轻人压根儿不接招，怎么会被算命先生算准呢？"

黄总说："原来是这样，说到底是年轻人最后相信了算命先生的话，事情真的应验了。"

我说："是啊，意念之所在，能量随之来。要感谢我们不信任的人和不信任我们的人，同时还要觉察信任的方向是否有价值、有效果。这样才能持续提升'信任'的能力，而且可以运用好'信任'的能量。"

黄总感慨地说："这就是吸引力法则。"

我说："绝大多数的成功者，是因为相信，所以看见；很多跟随者，是因为看见，所以相信；很多社会底层的人，是看见了，都不相信。但凡成功者，在还没有看见自己成功前，相信自己一定会成功，才最终走向成功。所以，我们要相信'相信的力量'，用意念引导'信任的力量'为我所用。"

黄总心里"咯噔"一声，觉察到自己对新项目的管理团队很不信任，不是因为团队表现不好，而是经历了重用的人犯错导致破产的事，现在是"一朝被蛇咬十年怕井绳"，这种感觉总是让他心神不宁。

黄总意识到，自己如果一直停留在对团队的不信任中，能量会被大量消耗，也无法使团队施展才华。

这种不信任的感觉，让黄总看到了成长点，能量聚集到内在，长长地吐了一口气，满怀感激地看着我说：“肖导，谢谢你。”

【案例分析】

从完全信任团队，到经历破产后完全不信任团队，这两个极端都存在很大风险。只有意识到信任是关于能力和能量，本质上和他人无关，才有机会透过信任或不信任探索成长方向。

有些人只和信任的人在一起，长时间在一起后，视角会差不多，就很难相互支持、彼此成长。

有些人遇到不信任的人，由于不安全感会隔离对方，启动自我防卫，失去了透过对方成长自己的机会。

我们要全方位地看到“信任和不信任”背后的价值，它就像传递信息的媒介，告诉我们成长的方向。

【老板要做的】

1. 列出团队中那些让你信任的人，分析信任的原因是感情用事，还是因为公司的管理机制?

2. 列出团队中暂时你不信任的人，要做哪些调整，才可以有能力信任他们?

3. 列出因为你不信任而隔离的人，他们反馈了什么信息给你?

【员工要做的】

做事有交代、工作有汇报……努力成长为值得他人信任的优秀员工。

【训练方案】

梳理生命中信任和不信任的人，找到背后的主观评价。对比这些主观评价，找到限制性信念，并看到更多的可能性。

<table>
<tr><td rowspan="4">成长手记</td><td></td></tr>
<tr><td></td></tr>
<tr><td></td></tr>
<tr><td></td></tr>
</table>

管理是科学还是艺术（上）

唐总是学艺术专业的，后来没搞艺术，而去做企业了。他口头禅就是：领导者要讲究领导艺术。在和管理团队开会的时候，他也总在传递一个企业文化：要有眼色、多体会领导意图、说话要留白……

唐总公司不但有生产，也有直营店和加盟店。在这样的企业文化下，企业状况是这样的：朝令夕改经常发生，很多模棱两可的制度，上传下不达的作风，表面一套背后一套的风气……公司员工战斗力疲软，有种有劲儿使不出的无力感。

好在唐总赶上了改革开放的好时代，事业发展得很大，以前赚了很多钱。可是这两年公司运营越来越吃力，已经有了亏损的迹象。

唐总请我去他公司诊断，看看要从哪儿开始改善。

来到唐总公司，我有点懵：没有发现一个流程是通畅的，千头万绪的改善点。

我觉得根源在唐总的管理认知上，所以准备帮他拓宽思维。

唐总曾经取得很大的成功，接触过几次后，感觉他有很多固执己见的观念，想要拓宽思维很不容易。

我想了好久，才把对唐总的支持路径构思出来。我找了一个当下比较重要的认知方向切入，轻松愉悦地问唐总："你觉得，管理是科学还是艺术？"

唐总想都没想说："当然是艺术了！"

唐总是学艺术专业的，把公司当成艺术作品来经营。

我继续和他愉快地聊着："唐总，李白是艺术家，他在什么时候能做出好诗？"

唐总哈哈笑着说："李白是诗仙，也是酒仙，估计是喝醉了能做出好诗。"

正当唐总放松心情和我闲聊时，我认真地问唐总："李白搞艺术，似乎喝酒后灵感更多；而你做管理，是不是要像李白搞艺术一样，喝酒了再做决策？"

唐总品味着我的问题，一时没有吭声。

我继续发问："唐总，齐白石老人家的一幅画值多少钱？"

唐总还没想明白我问这些问题的原因，一听到又聊起艺术话题，他就激情四射地说："那可值钱了，齐白石是我国唯一一个被誉为'人民艺术家'称号的艺术大师，据说《山水十二条屏》价值近 10 个亿啊！"

我紧跟着问唐总："既然这么值钱，能不能画一幅完全一样的画？"

唐总马上摇头说："那怎么可能，艺术靠的是创意，哪能复制。"

我接着问唐总："艺术不能复制，那你管理企业需不需要复制系统和人才？"

唐总思考了一会说："艺术需要灵感，而且不能复制，如果是需要灵感又不能复制的管理，那就不是管理了。我们有直营店，还有加盟店，必须要能复制才行。”

唐总固化的认知终于有了松动。

我总结说：“我们来看看艺术和科学的不同。艺术，是需要灵感的，具有不稳定性、不可复制性；科学，是找规律，可复制的，系统的。”

唐总点头说：“是的。”

“所以，管理是科学，容不得半点艺术啊！”我坚定地说。

唐总进入了沉思。

过了一会儿，唐总疑惑地问道：“那领导艺术又是什么？”

我说：“领导艺术的范畴很广。我觉得，领导在沟通表达上要有艺术；为人处事上要有艺术；在领导的方式方法上要有创造性……但是管理本身是科学，否则无法系统化、无法复制。”

又过了好一会儿，唐总感叹地说：“肖导，我明白了。我把公司管理艺术化了，结果给客户的交期和品质得不到保障，老客户纷纷离我而去。公司也制订了很多管理制度，但是我一直认为‘管理是艺术’，企业文化的底层逻辑依然是搞艺术，所以制度得不到有效执行。”

我没有打扰唐总的思考，优秀的企业家一定是善于思考和总结的。

唐总继续总结道：“我的公司并不是没有制度，也不是没有体系，而是没有像军队一样令行禁止的作风，也没有一丝不苟的科学精神，更没有积极进取、寻找规律和持续改进的态度。”

听到了唐总的总结，我知道他的视角拓宽了，已经成功启发了唐总，带着满满的自豪离开了他的公司。

唐总送我到公司楼下，握着我的手说："再次感谢肖导的启发，我先把公司科学化，把当前能做的改善后做到极致，然后再去拜访你。"

【案例分析】

管理是 100% 的科学，容不得半点艺术，需要一丝不苟的科学精神、积极进取的态度。

【老板要做的】

杜绝形式主义、表面工程，经营企业不是为了好看，而是为了盈利，并且为社会创造价值。

【员工要做的】

确保自己所在岗位输入和输出稳定，用科学的态度对待每天的工作。

【训练方案】

1. 检视公司的形式主义作风，并加强整顿。

2. 排查公司不稳定的流程，及时改善。

成长手记	

管理是科学还是艺术（下）

唐总一个月后来到我的办公室，发型都改变了：从艺术范儿变成了干练范儿。

他春风得意地报喜：“肖导，这个月赚钱了，哈哈哈。”

估计已经亏损有一段时间了。这么大的公司，压力他一个人承担，肯定非常不容易，终于又开始赚钱了，所以唐总很兴奋。

“我已经成功从艺术家转型到科学家了。”唐总叫嚷着。

看到我支持的人获得成果，就是我最骄傲的时候！

我高兴地对唐总说：“说说看，你都做了什么，一个月就见成效了？”

唐总豪情地说：“逻辑很简单，只有 12 个字：找规律、定标准、抓落实和建体系。”

我点头笑着说：“总结得这么艺术！这 12 个字，确实是具备了科学性。”

唐总对我说：“是啊，我感觉能量通透了很多，团队的战斗力爆发出来了。这一个月，我调整的重点是工厂和供应链，按这 12 字方针，公司已经旧貌换新颜了。”

只是调整了工厂和供应链，就能有明显的效果，看来唐总公司的潜力无限。

我询问唐总："已经取得的成果要巩固，还要继续深化成果。下一阶段你的工作重点放在哪儿呢？"

唐总有备而来，拿出了门店经营的数据对我说："肖导，我接下来的重点想放在直营店和加盟店，我来听听你的建议。"

我想了一下说："你觉得一个门店的营业额，和什么指标有直接关系？"

唐总说了很多门店管理的绩效指标，只是很零散，没有整体思维。

我说："牛顿曾说：'世界是极其简单与和谐的。一旦找到科学规律，复杂的事就会变简单。'"

唐总急切地问："肖导，门店管理的科学规律是什么呢？"

我说："一个科学的数学公式：门店营业额 = 进店人数 × 成交率 × 客单价。人、货、场，全部围绕这三个指标展开就可以了。"

唐总感慨地说："肖导，还好今天过来找你了，要不我只会在某个局部发力，你这一个公式，把我脑袋里的认知一下子串起来了。我现在就回去，围绕这三个指标全面展开突击。"

我马上制止他说："不可不可。"

唐总疑惑了："怎么不可了？"

我示意他淡定，耐心地说："你激动什么？想清楚、干扎实、扛得住，这才是老板要具备的素质啊。你就听到一个公式，就以为自己全懂了？先想清楚再展开突击不迟。"

唐总有点儿不好意思地说："我这不是感觉成长了，急着回去开干吗！那我不着急了，以前就是急着干，所以给市场交了太多学费。”

唐总淡定了下来。

我接着说：“你来看看这个公式，中间是乘法。如果想让结果翻一倍，是三个指标都要翻一倍，还是其中一个指标翻一倍就可以了？”

唐总笑着说：“肖导，虽然我是艺术专业，但是加减乘除还是会的。要想结果翻一倍，其中一个指标翻一倍就可以了。”

我也笑着说：“既然一个指标翻一倍就可以了，那你回去‘围绕这三个指标全面展开突击’干吗？为什么不能聚焦公司所有资源，突击那个最需要突击的？”

唐总猛地一怔，思考着说：“肖导，你是说，不一起做？”

我认真地说：“企业资源有限，人的精力也有限。给你一个公式，是让你有全局观，可以整体思考。每家企业都有很多改善点，有了全局观，老板就能找到最核心的瓶颈，集中优势资源逐个突破，当然不是眉毛胡子一把抓地全部一起搞了。”

唐总拿出本子，记下了当下的收获，感激地对我说：“感谢肖导指点，现在想想，只有苦劳没有功劳的事儿干得太多了，只有整体思维，聚焦突破，才能事半功倍啊！”

唐总带着这个公式，回到公司比对数据，发现当前最差的是“成交率”。门店的平均成交率只有 4%，这个数字让唐总背脊发凉，他怎么也不敢相信怎么会这么低。在他的心目中，至少不低于 20% 才正常啊。

唐总召集了相关部门负责人开会，分别问大家：“你们觉得公司门店的成交率是多少？”

营销部负责人说：“根据以往数据，应该是 30%。”

企划部负责人说：“我感觉应该不低于 20%。”

因为以前没有实时统计和通报这些数据，所以大家凭着自己的经验来表达，没有一个部门负责人表达的数据低于 15%。

唐总内心激动，看到了希望，随后把 4% 的成交率呈现出来。大家集体傻眼，因为惭愧，把头低了下去。

唐总说：“大家不要泄气，我并没有责怪大家的意思，公司没有做好，我才是第一责任人。”

话虽这么说，可是同事们还是很自责，没有把公司做好。

唐总说:“这个数据说明什么？说明我们有很大的突破空间。大家刚才都说了，认为成交率在 15% 以上才正常。那我提一个小小的要求：一个月时间，把成交率提高到 12%，有没有信心？”

同事们异口同声响亮地回答：“有！”

于是，唐总亲自带领大家，举全公司资源，群策群力突破成交率！

【案例分析】

一旦掌握科学规律，可以把复杂变得简单；把零散变得系统。

企业运营是建立在各种规律的基础上，掌握这些规律，形成有效机制，公司就有机会变成一台自动化运营的机器，效率大大提高。

【老板要做的】

建立数据化管理，透过数据分析看企业经营盘，寻找规律，同时找到企业最薄弱的环节，聚焦资源突破。

【员工要做的】

扎扎实实做好本职岗位工作的同时，齐心合力突破公司最薄弱的环节。

【训练方案】

定期拿出公司每个经营指标的数据复盘，分析公司经营的每个环节。

成长手记	

怎样才能招到优秀的人才

范总是一家知名陶瓷品牌在成都的省级代理，主要经营地板砖。来到我的课堂学习，他只想解决一个问题：怎样才能招到优秀的人才？

经过了解，范总现在的团队有80多个人，全部是地推销售员。

范总反馈说，这两年招人特别难，待遇已经高于同行水平，面试的人却没有几个。为此，范总已经换了几波人事经理。

看到了他的苦恼，我就问范总："对于老板来说，是经营人才重要，还是经营客户重要？"

范总马上回答："当然是经营人才重要了，老板就是要识人、用人、育人和留人。"

我听他这么回答，还挺专业的，于是继续问他："你每个月的工作时间，有多少是用来经营人才呢？"

听我这样一问，范总脸有些红，不好意思地说："肖导，在企业经营过程中，要带团队搞业绩、要追欠款……实在是身不由己。所以真正用在经营人才上的时间并没有多少。"

听他这么说，我就带他做了区分："意思是说，并不是人才真的难招，而是你并没有花时间经营人才，所以感觉人才难招了？"

范总尴尬地看着我说：“好像是这样的。”

我继续强化他信念的转换：“这样说来，你缺人的事实，并不是真的人才难招。所谓的人才难招只是你的错觉，而不是真相？”

问对一个问题，就解决了一半的问题。遗憾的是，有些人并不知道自己的真实问题是什么，一直在努力地解决一个“伪命题”。

范总领悟了我的启发，很诚恳地说：“是的，肖导。我意识到了自己信念的局限，一直用‘人才难招’的信念来催眠自己，并没有真正花时间来想办法解决人才问题。”

范总是个大肚的人，拿得起放得下。一旦想明白，就知道下一步该往哪个方向使劲了。

他带着期待问我：“肖导，我要具体做哪些调整，才能招到人才呢？”

范总不再抱怨人才难招，把责任归于自己的内在，已经有了成长的可能，于是我分享了自己曾经招聘的经验。

2018 年正月，我报名参加了一家专业招聘组织的四场线下招聘会，每场一天时间，在城市人气最旺的综合广场举行，费用总共是 1500 元。四天的招聘共发出 12000 份人才招聘单页，约应聘者到公司参加 1 个小时的招聘会，总共组织了 7 场，每场大约 200 人。

应聘者来到公司参加招聘会，我精心准备了演讲内容，大纲是实用心理学是个好行业；摆渡人（我的公司南昌摆渡人文化传播有限公司简称）是个好平台；进入公司的薪资待遇；人才培养规划和晋升通路。

最后，给参加招聘会的每个人做一个心理测评，相约下一次和我单独面谈 30 分钟。并在临走时给每人发一个红包，感谢他们来到摆渡人参加招聘会。为了表达摆渡人对人才的尊重，我还把来参加招聘会的人的路费报销了。

此后在很长一段时间，同事们就帮我排班约这些参加招聘会的应聘者面谈。面谈时，我会解读心理测评，并邀请他们先体验我的课程。

这四场室外招聘会的结果是：完成了 2018 年和 2019 年摆渡人 30% 的招生目标。

范总听完我的分享感慨地说：“这样也行？原来招聘不只是招聘，而是营销啊！”

“有悟性！”我竖起大拇指对范总说，“如果你只是为了招人才去招聘，那一定是缺人的时候才去招聘。”

范总说：“肖导，你是说，招聘是一项长期工作？”

我说：“是啊，而且是企业的战略性工作，必须要长期进行的工作。”

我为了更好地支持范总，继续分享了自己经营人才的经验。

2017 年～ 2018 年，我做了一个公益项目：每期开课开放 10 名大三或大四的学生免费学习，并且告诉来参加课程的老板：会有一批大学生和你们做同学，如果你感觉适合，可以直接录用，他们正准备找企业实习或工作。

范总听到这里皱眉问我：“肖导，你真伟大，这个公益项目真的是帮助了大学生，也帮助了企业啊！”

我笑着对范总说："也是在帮我自己。这些大学生未来会到不同的城市，走上不同的岗位。当他们在我的课程有收获，自然会推荐更多的人来学习我的课程。"

范总听完我的分享，很是敬佩我的长远规划，也明白了经营人才不是说说就可以，而是用心利他，长远规划，还要有一定的专业指导。

做老板，要为每一个员工的成长负 100% 的责任，而企业就是社会大学，肩负社会人才培养的重任！老板既是企业的管理者，也是这所社会大学的校长，当你有了这份责任心，人才自然就慢慢有了！

【案例分析】

企业发出招聘却招不到优秀人才，问问自己：为经营人才做了什么？如果只是停留在传统的思维，缺人的时候再去线上或线下的人才市场招聘，那怎么可能拥有优秀人才呢？

【老板要做的】

站在战略高度，以营销为导向，以吸引优秀人才为目标，整体布局公司的人力资源建设。

【员工要做的】

成为公司代言人，为公司推荐优秀人才。

【训练方案】

列出现在面临的问题，分析这是事实、是真相，还是演绎，抽丝剥茧，找到真正的关键问题，预防在"伪问题"上浪费精力。

成长手记	

如何打造全员营销的企业

一天，我和深圳的赵总喝茶，聊到了一件郁闷的事。

赵总有一个近300人的团队做外贸，前不久前台文员辞职，人事部负责人洪兴招聘了一位新的前台文员，长得很胖。而赵总喜欢苗条的，他觉得在前台工作，就要赏心悦目，就告诉洪兴换一个。

过几天洪兴换了位前台，赵总一看又太矮了，站到前台后面上半身都看不全，于是赵总觉得很郁闷。

感受到赵总的郁闷，听到他的描述，知道他对公司用人的认知有偏差，想了一会儿，我构思了一个很重要的支持方向："你们公司每个岗位的职责标准清晰吗？"

赵总略一思考，喝了口茶说："清晰，我们公司全员营销，能卖货就行。"

听到赵总这样回答，我知道他对"全员营销"的概念理解还不透彻，耐心地对赵总说："全员营销不是所有人都能卖产品，而是人才的战略目标，是建立'一家公司中所有岗位是营销中最重要的岗位之一'的文化。"

赵总马上放下茶杯追问我："全员营销不是所有人做销售卖货？是战略目标？还是企业文化？"

赵总连续追问，看来是上心了。

我深入解释给他听："是的，全员营销是每一个岗位按照营销为导向制订岗位职责。如果岗位的职责定位是错的，绩效考核就可能是无效的。比如你家的前台，胖和矮是你的标准，可是前台是第一个接触客户的人，你的客户需要的前台是什么样的呢？"

赵总恍然大悟，一拍大腿说："哎呀，我搞错了，错了好多年！我们是做外贸的，前台文员必须会一口流利的英语，对于我们这个行业要有基本的认知，接打电话时声音要清晰明亮。"

我说："是啊，公司的任何一个岗位，都是公司重要的销售岗位。曾经我在一家五星级酒店预订了一年的会议室，是这个酒店的 VIP 客户。可是他们的扫地阿姨把垃圾堆满了其中一个消防通道，让我感觉很不安全，就取消了合作。由此可见，扫地阿姨一样是公司重要的销售岗位。"

赵总听完我的经历，想到自己从来没有把每一个岗位定位成重要的销售岗位，不知道因此损失了多少订单，脸上写满了懊悔。

为了让赵总对未来充满希望，我笑着说："你现在不是想通了吗？现在开始重新布局也不晚。"

赵总皱着眉头说："是要重新布局了。就拿前台来说，我管人家胖和矮干什么？人事部负责人洪兴应该是在按照岗位职责标准招聘前台，而我还把他狠狠批评了两次，真是一将无能，累死三军啊！"

赵总回到公司，扫了一眼 300 人的团队，80% 是苗条、高挑的美女，其他 20% 是男同事。他心中一紧，不知道从什么开始，公司的员工基本换成他喜欢的样子，而不是客户需要的样子了。

赵总找来洪兴问道："公司的招聘一直是你全员负责的，你知道每个岗位的标准吗？"

洪兴说完每个岗位的标准，还补充一句说："当然，还需要赵总看着顺眼才行。"

洪兴心里挺得意自己的回答，认为这一记马屁拍得好。

可是，赵总并没有因为这记马屁而开心，愤怒地说："我看着顺眼有什么用，客户看着顺眼才有用啊！"

洪兴满脸无奈，百试不爽的马屁，今天拍马腿上了。

赵总冷静下来，知道自己才是源头，不能全怪洪兴。于是召集管理团队开会，详细地讲解了全员营销的概念，亲自带团队把每个岗位的职责梳理了一遍。

一、前台文员的岗位职责

岗位定位：公司中最直接接触客户的重要营销岗位。

1. 会流利的英语，能和客户无障碍英语沟通。

2. 陌生咨询电话的第一个"销售岗位"，必须让客户通过前台文员了解所有的产品信息和相关负责部门，并接受相关业务知识培训。

3. 公司对外联络的主要对接点，必须了解公司所有相关产品知识和相关对接部门的情况，有相关的销售能力、表达能力、沟通能力、协调能力、礼仪能力、时间管理能力和电话沟通能力等，能够灵活处理所有的人际关系。

4. 要有极强的记忆力和高度责任心，随时成为公司销售员和各部门的核心助理。

二、人力资源负责人的岗位工作

岗位定位：公司最大的销售员。在人力资源本来的责任中，增加营销特性。

1. 刊登招聘启事，与线上、线下招聘公司打交道。每次发的招聘广告同时也是公司的宣传广告，通过招聘把公司销售出去。

2. 各种形式的面试，向应聘者推荐公司的第一个销售员。

3. 通过面试，把应聘者的优缺点在短时间内找出来，为公司甄别优秀人才。需要极强的销售能力、沟通交流能力、综合判断能力、领导力、时间管理能力、协调组织能力、性格分析能力和心理学知识等。

4. 新员工入职 6 个月总业绩的 1%，作为人力资源负责人新的奖金项目。

……

就这样，赵总带领管理团队，用了一个星期的时间，把每个岗位以营销为导向重新梳理，全面升级了公司的人力资源管理，打造了“全员营销”的框架。

【案例分析】

老板喜欢什么样的员工不重要，客户喜欢什么样的员工才重要，所以招聘员工要以“客户需要”为导向进行人才画像。并以营销为导向，制订每个岗位的职责。

【老板要做的】

放下自己的喜好，研究服务的客户需要什么，以此制订公司的人才规划。

【员工要做的】

任何岗位都是公司重要的营销和销售岗位，既要树立这样的意识，还要训练必要的能力。

【训练方案】

为公司的每个岗位普及销售能力。

成长手记	

你拿什么保证目标达成

齐总是某知名品牌白酒的区域经销商，团队50人，都是我的学员。他们年终联合客户组织了盛大的年会，请我出席，还给我颁发了“爱与付出”荣誉奖，这是对我的肯定，让我倍感荣幸。

年会结束后，我到齐总办公室喝茶，齐总很兴奋地说：“肖导，今年团队在你这儿学习成长了很多，业绩比去年增长了33%。明年我们会大干一场，争取比今年增长50%！”

看到齐总意气风发、豪情满怀，我替他高兴，随口问了一句：“你拿什么保证增长50%的目标达成呢？”

齐总依然很开心地说：“靠团队啊，现在团队斗志昂扬！”

我认真地问齐总：“靠斗志昂扬，能确保50%的增长目标达成吗？”

齐总收起笑容，开始认真考虑我的问题。他也很清楚，人无远虑，必有近忧，若不能系统规划，50%的增长目标就变成了口号。

白酒市场竞争很惨烈，身负50个家庭收入的责任，容不得齐总丝毫懈怠。

沉默了片刻，齐总说：“肖导，我准备这样做，增长50%的总目标，按50个人平均分配，要求每个人必须完成，下死任务。”

我想了一会儿，说：“虽然你下了死任务，有没有可能出现突发事件，有个别同事完不成？”

齐总马上说：“这是有可能的。看来这个方法不能确保 50% 的目标增长完成。”

我看到齐总思维敏捷，就继续启发他探索：“那还有什么方法能确保达成呢？”

齐总想了一会说：“请明星过来多做几次活动，同时扩大团队规模，再招一批人进来。”

我笑着对齐总说：“好不容易增长点营业额，增加点利润，你又请明星，又扩招团队，那还有钱赚吗？”

齐总挠挠头说：“肖导，你有什么好办法吗？”

我想了一下说：“之前辅导过一些优秀企业，有一些做法效果很好，我讲给你听一下，给你做个参考。”

齐总很谦卑，马上准备好纸笔做记录，满怀期待地说：“肖导每天都在辅导企业，别的企业已经有效果的做法，一定要好好学习。”

我问了齐总后，知道了几个基础数据：今年的营业额是 5000 万元；客单价是 13000 元；成交率是 37%。

有了这几个基础数据，确定了明年 50% 增长率，业绩目标是：7500 万元。我给齐总列了一个计算公式。

准客户数量 = 年度目标 7500 万元 ÷ 客单价 13000 元 ÷ 成交率 37% ≈ 15593 人。

每天要链接的总客户数量 = 准客户数量 15593 人 ÷12 个月 ÷26 天（每月按 26 天工作日计算）≈ 50 人。

每人每天要链接的客户数量 = 每天要链接的总客户数量 50 人 ÷ 团队人数 50 人 =1 人。

齐总看到这儿，兴奋地说："肖导，按你这样计算，只要狠抓落实，每人每天有效链接 1 个客户，就能达到 7500 万元了？"

我说："你兴奋早了，不行。"

齐总急切地问："怎么不行？算出来的结果明明是这样啊。"

我示意他别激动，缓缓地说："一方面，这是按一整年算的，这个公式设想的是最后一天也在链接客户，刚链接的客户哪能马上成交？所以，要能提前半年完成前期客户链接，才能确保目标达成。"

齐总说："原来如此！从接触客户到客户下单，虽然用不了半年，但是确实需要时间。那一天链接 2 个客户，就可以达成了？"

我笑着说："还不行！"

齐总说："怎么还不行呢？"

我继续解释说："因为这是理想数据，还要考虑完成率，会有各种不确定的变数。假如完成率只有 50%，要怎么办？"

齐总说："是的，执行过程中难免有变数，也不至于连 50% 也完成不了。假如是 50%，那就意味着每天要链接 4 个客户。"

我说："是的。考虑到这些因素，就可以算出每位员工这一年要链接的客户数了。"

齐总在本子上计算。

每人年度客户数 =1 人 ×12 个月 ×26 天 ×2 人（50% 完成率）=624 人。

我总结道："让团队 50 人，每人列出 624 位客户名单，狠抓每天链接 4 位客户，每天复盘提升能力。再加上你的营销活动和节日促销方案，你感觉有把握完成 7500 万元目标了吗？"

齐总大声地说："太有把握了！"

【案例分析】

若想确保年度目标达成，需要分解目标。制订细化到每一天的行动计划，然后把每一天的计划落实到位，就会大幅度增加目标达成的机会。

方案执行过程中，员工可能会因为能力不足而完不成每天的计划。因此企业要有培训方案的参考依据，员工缺什么能力，就补充什么训练。

市场环境一直在变化，既定的计划可能会没有效果。目标刻在石头上，决不能改；方法写在沙滩上，在奔跑中调整。

【老板要做的】

制订目标、分解计划、抓好落实和培训辅导，确保年度目标达成。

【员工要做的】

挖掘身上的每一点潜能，不折不扣地完成每天计划，创造可能性超越目标。

【训练方案】

分析公司的行动计划，是否能支撑目标达成。如果不能，那目标就是个口号，需要马上优化行动计划。

成长手记	

如何团结股东

胡总在深圳打拼十年，对电商有很丰富的经验。

胡总的家乡有很多土特产，一年前，带着梦想，他召集了几位同学和发小，回到家乡创业。

创始股东 15 人，胡总想：有这么多同学、发小帮忙，肯定能大展宏图。

梦想是丰满的，现实是骨感的。不到一年，胡总就撑不下去了。撑不下去的原因不是项目不好，不是赚不到钱，而是股东不合，胡总深陷股东之间的关系拉扯当中。

胡总心力交瘁地找到我说："肖导，都是亲朋好友，这个给我推荐个产品；那个给我推荐个人才；这个说重点推广这个；那个说要重点推广那个……我已经受不了了，根本没法开展工作。多好的项目，硬是要搞黄了。肖导，我该怎么样团结股东呢？"

感受到了胡总的焦虑与不甘，我非常理解胡总的苦恼。

很多技术型或销售型老板创业，他们不懂得企业顶层设计，项目一启动自己就掉进了陷阱中。虽然他们很努力，但是有些问题不是靠经营管理就能解决的，比如股权、战略布局等。

要想解决股权设计留下的问题，需要老板成为非常有魄力和担当的人，还要有非常大的决心。为了挑战胡总有解决问题的心理资本，我问胡总：“你是一个可以为过去的行为负责任的人吗？”

胡总认真点头说：“肖导，我已经意识到自己过去犯了错，找到你就是来承认错误，并寻找解决方案的。”

感受到了胡总的坚韧，我很欣赏地说：“我并没有说你做错了什么，你的项目也才开始一年而已，之前有些行为没有效果。你既然能承认没有效果，并愿意在这段没有效果的过程中成长，就是领袖的风采啊！”

胡总听完，深表认同地说：“是啊，我愿意承认自己暂时没有能力做好，并且愿意探索成长。在你的课程中，我也学会了去感恩过去所发生的一切。”

我很欣慰地看到胡总的成长，等他说完这些，他已经不那么焦虑了。

任何问题都有三种以上的解决方案，但是一旦掉在问题带来的情绪中，心力和精力就被消耗，也就很难找到解决方案，更没有勇气面对和解决问题。

好在胡总能够站在积极、正面和成长的视角看待过去，勇敢地面对暂时的困难，这样就有了探索解决方案的心理资本。

我拿出纸笔，一边说一边写给胡总看：“解决问题，要看到根源。我觉得，根源就是你的股东架构和股权配置不科学。”

胡总深表认同地说：“是的，之前吸收股东的初心，现在看来完全没有实现。”

我继续说：“先说股东架构。通常情况下，企业的股东架构包括资金型股东、资源型股东、管理型股东和顾问型股东等，你现在找到的 14 个股东，只能为你提供货源，也就是说这 14 人是一类股东：资源型股东，而且你要的资源还不止是货源，还有很多资源。看上去 14 人很多，但实际上只是资源型股东中的一小部分资源，最要命的是这一小部分资源还是重复的。”

胡总听完，流露出后悔的眼神说：“肖导，听你一席话，胜读十年书。我要是项目启动前听到你这番见解，怎么会犯这么严重的错误，现在是骑虎难下！刚才你说到股东架构，还有股权配置，要怎么样做最合适呢？”

我对胡总说：“这算不上我的见解，我也是投资巨额学费，拜师学艺学回来的。”

胡总惭愧地说：“我的学习力太差，正如肖导说的，不把学费交到学堂，就得把学费交到市场，我已经向市场交了巨额学费。”

我接着说：“我们创建一个公司，不能是个‘公’的公司，而需要是个‘母’的公司，因为只有‘母’公司才能生出孩子……”

我还没说完，胡总就听出了门道，兴奋地说：“我明白了肖导，可以在我现在的公司旗下成立一个采购公司，让现在 14 位股东去投资，专门负责公司采购，腾出空间引进更多类型的股东进来。这样公司就是可以生孩子的‘母公司’，你看这样行吗？”

我看到胡总激情四射的状态，也为他开心不已，终于不再为困难愁苦了。

我说：“胡总，‘生’出个采购公司是一个解决问题的方向，但是不能这么草率地表态。你需要深入调研后才能拿出具体的、长远的解决方案。”

胡总热切地说："肖导，你跟我去公司，深入研究一下吧！"

说着，胡总就要拉我去他公司。

【案例分析】

企业经营中，出现困难是正常的，出现困难的心态和处理困难的方式，就体现了领导者的人格魅力。

谁都知道"方法总比困难多"，但是困难真正来临时，很多人把能量消耗在各种情绪漩涡中无力自拔，能在困难面前真正做到"临危不乱"，并且激情四射找解决方法的人并不多。想找方法，又有资源找到最佳方法的人更少了。

社会对现代企业老板的要求很高，不但要有强大的心理资本，更要有帮助解决问题的专家团队。

【老板要做的】

1. 设计好公司股权，以免掉进陷阱中。

2. 如果已经身在陷阱中，找到专业团队，一次性彻底解决。

【员工要做的】

如果既是员工，又是公司股东或合伙人，需要更加自律，坚守本分，持续为公司贡献。

【训练方案】

研究用股权置换公司需要的人才、资金和资源的方案。

成长手记	

特种兵训练手册

游总是一家母婴商贸公司老板，团队有 30 多位销售员。

有一天喝茶时游总问我："肖导，你是武警部队出身，能不能把我的团队打造成特种兵？"

我笑着说："现代商战特种兵，要求做生意超过企业家；演讲超过培训师；写作超过作家；管理至少超过你和我的水平，可不是我在武警部队，只需要练筋骨皮就可以了。"

游总一听上心了："对，就是要打造这样的特种兵，你说得太贴切了。"

我就这么随口一说，居然正中游总下怀。

他又重复了我说的几个现代商战特种兵的标准，热切地说："肖导，我把团队交给你，你帮我打造出来吧！"

我哈哈笑着，说："不行，游总，万一把你的兵练跑了、练坏了，我可赔不起啊！"

游总一听急了："没事，练跑了、练坏了算我的，你只管练！"

本来是闲聊，没想到聊出游总这么关切的话题。

我问他："你怎么对训练特种兵团队这么急切？"

游总感慨地说："肖导，小米加步枪的时代已经过去了，很多客户比我们还专业，我一直想训练团队成为以一当百的特种兵。我今天也是随口一问，没想到肖导对现代商战特种兵的诠释正是我需要的，我就感觉见到曙光了，能不急切吗？”

感受到了游总对团队成长的关心，是一位负责任的老板，我想了一会儿说：“游总，想打造特种兵团队，需要一种机制。我在一次求学中听到这样的一个故事：老虎收编了10匹狼，给了豹子10斤肉，手起刀落，分成了11等份，豹子和10匹狼各一份。吃完后，狼在一起聊天：‘我们10匹狼还打不过一个豹子吗？’于是10匹狼团结起来把豹子打跑了。游总，你觉得这是什么机制？”

游总想了一会儿，说：“平均分配，吃大锅饭。”

我点头说：“是的，这样的机制显然训练不出特种兵，故事还没完。豹子被狼赶走后去找老虎，老虎哈哈大笑说：‘你怎么不上培训课呢？我去给你做个示范。’于是老虎去到狼群，拿出分成11块大小不同的肉，自己吃了最大的那块，10匹狼分了另外10块小的，能力大的吃大肉，它们很服气。这是什么机制？”

游总不确定地说：“这是绩效考核吧？”

我笑着说：“是的，用绩效管理，考核出能力大的，得大份。故事继续：豹子一看，培训这么有用，于是就报了个更贵的课。学完回来，豹子对老虎说：‘老大，我现在有更好的办法搞定狼群了。’只见豹子把肉分成了10块，自己吃了最大的一块。10匹狼抢9块肉，把没有肉的那只狼打死了。这是什么机制？”

游总身体颤抖了一下说：“好残忍，这是末位淘汰，适者生存。”

我继续说：“是啊，市场就是这么残酷。故事还有：老虎一听，培训果然有用，于是继续报名学习。老虎学成回来，手起刀落，分了两块肉，自己吃了一块，再给狼群一块。最厉害的狼抢到了那块肉，然后自己去分肉。这是竞争上岗。”

我看着游总陷入沉思，没有打扰他的思考，过了好一会儿，游总说：“特种兵，果然是万里挑一，拼杀出来的佼佼者。”

“如果没有残酷的淘汰机制，怎么会训练出特种兵呢？所以，你还要训练特种兵吗？”我看着游总说。

游总坚定地说：“必须要！不但团队要，我自己也要，否则我就是被市场淘汰的人！”

看到游总的决心，我就针对他的行业和公司实际情况，制订了一套训练体系，让游总回去训练一周后复盘。

部队有个文化：训练多流汗，战时少流血。企业也一样。像游总这样追求特种兵团队的企业，一定会在市场上打拼出属于自己的一席之地！

【案例分析】

兵不在多，在于精。现代企业在激烈的市场竞争中，需要精兵良将，才能克敌制胜。然而，精兵良将固然可以空降，但内部的特种兵训练机制，同样是重中之重。

【老板要做的】

制定适合自己企业发展的特种兵训练机制。

【员工要做的】

积极参与公司的特种兵训练，练好本领，才不至于在市场竞争中被淘汰。

【训练方案】

1. 制订出公司“特种兵员工”标准。

2. 持续有效地组织全员进行特种兵训练。

成长手记	

如何确保企业培训效果

温总的公司有 1000 多人，公司每年都要花巨额的培训费用，他自己也是个课虫，全国大大小小的课程基本上完了。

温总自认为自己是个非常爱学习的人，有次和我喝茶，他吹嘘自己上过很多课，我听得烦了就插了句："温总，你经常去学习，感觉自己成长了什么？"

温总有些诧异："学习就是成长啊？"

我说："不是。学习，是一段经历，也可能让你增加了某些知识和能力。成长，是你的胸怀，突破了多少包容心。"

温总皱着眉头说："我从来没有这样想过。"

我有点同情地看着温总："你要有这个思维的角度，就不会什么课都学了。成人教育，核心不是学习知识，而是突破包容点，把知识转换成能力，而且最好是缺什么补什么，而不是有什么学什么。"

温总眉头皱得更紧了："肖导，你的视角让我有了全新的认识。我以前学过那么多课，并没有规划，而是别人告诉我说这课好，我就去上了。其实有些课是雷同的，有些课还不适合我现在的需要，浪费了很多时间和金钱。"

我强化温总的认知："是啊，你是大企业的掌门人，必须把时间和精力放在刀刃上。学习若以成长和彻底解决问题为导向去思考，学习的效果就会事半功倍。”

温总顺着我的话说：“成长为导向，突破包容点，心胸就会越来越大，眼界也就越来越宽；以彻底解决问题为导向，首先得明确我当前需要解决的问题是什么，找到权威专家和针对性的课程学习，彻底解决，再不复发。”

我惊讶于温总的总结能力，向他竖起大拇指点赞。

温总继续说：“肖导，你教我们‘以果导因’，如果按这样的方向来规划学习，我的学习效果能大大提升。省钱、省时间，太好了！”

说到最后，温总自己兴奋了起来。他拿出本子，写下自己还不能包容的点，以及公司现在最核心的问题，马上做出一个表格，来规划自己的学习。

看到温总的这份学习力，确实让我很感动。

他认真地填好了表格，抬头问我：“肖导，那公司的培训，要怎么做才更有效果？”

我被温总的态度打动了，用心地对他说：“我下次去你公司全面调研后，再给你出一份详细的培训方案，支持你打造自己的商学院。现在只能和你分享几个方向性的方案。”

温总一脸虔诚地准备记录，我再一次被感动。

我说：“第一个思考方向是顾问和培训结合。企业里有些问题必须要专家老师进行辅导，不是靠培训讲课就能贯彻执行的。所以需要做个分类：哪些问题需要请专家顾问；哪些问题可以用培训解决。”

温总一边记录一边说：“确实是这样，专业的事还是要交给专业的人做。”

我继续说：“第二个思考方向是内部老师、外部老师和外出培训结合，大力培养内部老师，可以是专职，也可以是兼职，这样可以由内部老师来内化外部老师的课程，在企业内部形成学习型组织。”

温总深表认同地说：“是的，请外部老师来讲课，或者送人外出培训，也就几天时间，学习完了没有人承接落地，也没有形成可传承的企业文化，培训就成了一种经历，而没有形成产值。”

看来温总经常外出学习，还挺有感悟的。

我继续说：“第三个思考方向是‘334 原则’。一场效果好的培训，30% 靠课前调研；30% 靠课程现场效果；40% 靠的是课后精心组织的落地方案执行以及持续跟进。”

温总叹了一口气说：“以前我们更多的是强调了上课期间的效果，弱化了课前调研和课后跟进，我回去马上调整。”

我继续说：“第四个方向是培训绩效管理。很多优秀的企业绩效管理 100 分中，有 10 ~ 15 分是考核培训效果的，把员工的成长拉高到了战略高度。”

温总说起多年前培训时学到的一个管理理念：“员工只会做企业检查考核和激励的，不会做老板希望的。员工不成长，企业就没前途，所以员工成长效果理当考核！”

我继续说：“第五个方向是企业做培训的心态。十年树木，百年树人。企业培训既是企业发展的必须，也是企业的社会责任，每年拨出培训经费，持续经营才能有长远效果。”

温总认真记完了我分享的内容，和我约了去他的企业深入调研的时间，很感动地说："肖导，要是早十年认识你，我也就不用花那么多冤枉钱了。"

我微微一笑，收下了温总的感谢。心里想着：我若没有这10多年的江湖经验，早10年认识我也没用啊！

温总回到公司，首先找到的是人力资源负责人程红，说起了打造公司商学院的规划。

程红说："温总，现在我们忙招聘、绩效管理等，已经没有精力做商学院了，直接请老师来培训不就可以了吗？干吗还要自己做商学院呢？"

有些时候，员工反馈的问题很有道理，然而大多数只是站在自己的角度，没有站在公司发展的角度。虽然有道理，但可能没有效果。

温总听到程红的观点，知道公司对打造商学院的认知高度不够，而且程红的精力已经无力承担，于是召集公司管理层开会，深入地解读了商学院的价值。温总重点强调："绩效管理的核心，不是去考核员工，而是帮助员工拿到绩效。"

经过温总做工作，大家统一了精心打造公司商学院的思想，提高了认识高度，提拔了专人负责运营。当企业有了自己的"人才生产基地"，一定可以为核心竞争力赋能。

【案例分析】

只会学习还不够，还要学会如何学习、如何管理学习。

线下课程琳琅满目，线上课程更是眼花缭乱。不要追求哪位老师有名气、讲得好，而是选择适合自己成长需要的，才能省时、省钱和省心。

【老板要做的】

必须要懂得培训管理，否则很难打造人才培训机制。

【员工要做的】

1. 站在公司发展的维度思考，而不是简单地站在自己岗位的维度思考。

2. 参与了某个培训，一定要做好总结和改善方案，并落实到行动中。任何培训，是用了才有用。

【训练方案】

1. 培训结束后，马上组织实施改善方案。

2. 参加培训后两周内组织分享会，每人 10 分钟以上的演讲传达培训收获。

成长手记	

如何激发员工的原动力

洪总公司组织 50 多位高管去庐山团建，邀请我一起参加。他们团队都是上过我课程的学员，大家欢声笑语爬庐山，我和洪总走在最后压阵，其实是走不动了，被年轻的队员抛在了最后面。

洪总看着前面的大部队，深情地说："肖导，团队不好带啊！现在的年轻人很有个性，很难调动他们的积极性，常规的奖励效果很一般。有什么办法能让员工自动地工作吗？"

我不确定地问他："你是问我，如何激发员工自主自发工作的原动力？"

洪总说："是的，激发员工自主自发的原动力。"

我问道："团队现在的工作状态是怎么样的？"

洪总说："团队中的不少人，既不图钱，也不图名，一份工作对他们来说可要可不要。没钱了家里会打来生活费，确实是没有做好事业的原动力！"

我感同身受地说："是啊，新生代的团队，不像我们那个年代，老板说做好了有奖金，我们拼命做；老板说做不好罚款，我们谁都不会拖后腿。现在不一样了，我看到有家公司规定'迟到 30 分钟罚款 50 元'，有位员工直接交了 500 元到行政部说'我就是不喜欢早起，交 500 元，这个月我先迟到 10 次，不够我再补'。

你说这世道，都看不懂了。”

洪总有些无助。

我微笑着对他说：“你别灰心，时代虽然不同，但是人性不变。你若能掌握人性的规律，就可以找到激励他们的方法。”

洪总看到了曙光，眼睛一亮，激动地说：“掌握人性的规律？肖导，快教教我啊！”

我边走边说：“我们每个人都渴望实现自我价值，特别是物质生活丰富的现代人。要想激发员工的原动力，就需要从这个方向思考。”

洪总紧走几步，跟上我的步伐说：“肖导，这个思考的方向我清楚了，具体要怎么做，能不能说得再详细些？”

我和洪总干脆找了个地方坐下休息，我说：“我们得知道人类的原动力都有哪些。大体上有三个，一个是追求快乐，一个是逃避痛苦。洪总你觉得这两个动力哪个更大？”

洪总想了一会儿说：“追求快乐就是为了自己的欲望而努力；逃避痛苦是内心恐惧，仿佛后面有个老虎追。至于哪个动力更大，还真是说不清楚。”

我笑着说：“我们看电影，看到很多警察抓小偷的画面，通常是在三种情况下警察抓住小偷的：一是一群警察把小偷堵住了；二是小偷跑进了死胡同；三是警察早就埋伏在那儿了。通常情况下，警察很难抓住小偷，你觉得这是为什么？”

洪总哈哈大笑说：“因为小偷是在逃避痛苦地跑，被抓住自己就麻烦了。这么说来，逃避痛苦会比追求快乐的动力大啊！”

我点头肯定洪总的分析说："是啊，所以很多企业的管理制度，通常是以罚代管；教育员工的方式，通常是批评。只是，现代人对于罚和批评已经有了抗体，就不得不给予员工更多的激励，没看这几年，股权激励很是流行吗？"

洪总思考了一会儿说："追求快乐和逃避痛苦要双管齐下，我们公司也是这么做的，只是效果不很理想。股权激励我也想过，只是体量太小，目前没有激励空间。肖导，你说是三个原动力，第三个是什么？"

我说："追求快乐和逃避痛苦，是大多数普通人的原动力，着眼点都是关于自己的。第三种原动力是使命感。你看社会上的伟人，有的是为人类的幸福；有的是为解放人类；有的是普度众生……这样的发愿，不是为自己，而是为了更广泛的大众受益。这种不为小我，而是为了大众而推动的动力，叫使命感。"

洪总皱起眉头说："我能理解这种使命感推动的原动力。可是这和我们小人物有什么关系呢？"

我微笑着说："关系可大了。当一个人能为他人提供价值的时候，这个人本身就会获得一种超越小我的力量。使命并不一定是为了拯救人类，可以是为家人、亲朋好友、能见到的人做些力所能及的小事。当人们能够为他人提供价值，就不会为了自己的小我自保，让自己追求欲望和逃避痛苦了。使命感这个原动力在推动的时候，会有更多的快乐，会带来更大的价值，自主自发的原动力就产生了啊！"

洪总高兴地说："哦，我明白了，使命感就是为了实现自己的价值，在为他人做些力所能及的事情中体现出自己的价值，这种原动力不光是力量非常强大，更重要的是可以让人们非常快乐。你从中能够获得更大的价值感，就会自主自发地去努力做了。”

我看到洪总的成长非常开心，笑着对他说：“是啊，这就是人性的规律。你掌握这个规律，制订对应的企业文化和制度就可以了。”

洪总大笑着说：“谢谢肖导，我回去就按你指点的方向去落实，不明白再请教你。如果这50多位高管团队能自动自发，我就天天陪你专职渡人去！走，追年轻人去！”

【案例分析】

“以罚代管”的时代已经过去了，获得尊重、实现自我价值，是现代人内心的渴望。所以企业要打造“以人为本”的舞台和“自我价值实现”的通路，这样员工就容易自动自发、快乐地工作了。

【老板要做的】

学习心理学，站在人性规律的角度激励员工。

【员工要做的】

为自己的工作赋予价值，自我激励，自主自发地投入到工作中，力所能及地帮助身边人。

【训练方案】

列出常做的10件事，备注是什么类型的原动力，对自己行为的原动力深入觉察。

成长手记	

亏损后的富二代

志强是家里独子，他家有一个当地最大的混凝土搅拌站，伴随着中国房地产而崛起，生意火了 10 多年。

因为家庭条件非常好，所以志强从小就被严格要求，送到了当地条件最好的学校。志强也特别争气，学习成绩好，考上了知名大学，主修国际贸易专业。

志强的父母看到儿子有出息非常高兴，鼓励儿子自主创业，毕竟家族的混凝土行业，也不适合志强来传承。

志强毕业时意气风发，拿了老爸 500 万元的投资开始做国际贸易。一开始还挺顺利的，第二个月就有了盈利，想着家族下一代又开创了新的事业，家人都很开心。

一年不到，开始了中美贸易战，志强选择的行业受到了巨大影响，撑了三个月，500 万元亏光了。

父母看到志强做了一年多的事业要黄了，准备再投资 500 万元，让志强撑过难关，然而志强说："这贸易战还不知道什么时候是个头，而且我已经把团队解散了……"

就这样，志强拒绝了家里的再投资，彻底地关门了。

创业失败，这本是一件正常的事，父母也没有在意志强亏损的 500 万元。可是志强心里过不去，从此萎靡不振，把自己关在家里，拒绝和外人接触，每天只有吃饭的时候出门敷衍一下自己的肚子。

几经周折，志强的父母找到我，期待我能帮帮他们的儿子。

我看到志强父母的焦虑，安慰他们说：“志强成长道路太顺畅了，第一次经历挫折就摔了个大跟头，一时转不过来弯也能理解，你们安排一个时间，帮我约志强出来喝喝茶、聊聊天。”

志强父母害怕唯一的儿子从此一蹶不振，听到我说可以和儿子聊天，他们舒缓了一下紧张的神经，回去安排我和志强见面。

我和志强相聚在茶馆时，看到他两眼无神、满脸憔悴，我很心痛。

志强是富二代，一直成长在温室中，家人视若掌上明珠，没有机会经历“逆商”训练。还没有体验社会的复杂和时代的变迁，就已经扛枪上战场了，而且一上来就是指挥官。尽管志强很优秀，大学里也学到了很多知识，但是依然没能让这位富二代在失败后走出心理阴影。

我向志强做了自我介绍，用手沾水在桌子上写了一个字：度。我看着志强说：“志强，这个字你念出来。”

志强不知道我要干什么，但还是念出来：“度。”

我微笑着说：“是的，度，普度众生的度。”

我停了一会儿，等志强酝酿了一下好奇心，于是给志强讲了一个故事。

有一位漂亮的年轻姑娘，想征服一座大山，来证明自己的价值。于是做好了充足准备出发了。

观音菩萨知道年轻姑娘要征服的大山有危险，不能看到这么年轻的生命陨落，于是就出手度她，在她必经之路设置了一块绊脚石。

年轻姑娘被这绊脚石绊倒摔了一跤，很愤怒，大骂那个石头长在不该长的地方。就这样，前进的速度慢了下来。可是年轻姑娘并没有停下来，爬起来骂了一会儿继续前进。

观音菩萨继续度她，在必经之路又设置了一块很大的石头，直接挡住了她的去路。年轻姑娘绕了很大一圈才走过去，内心虽然对大石头有怨气，但是依然没有阻挡她继续前进。

观音菩萨继续度她，在必经之路设置了一条宽广的大河，年轻姑娘在河边正愁着怎么过河，突然看到那个要征服的大山嘣的一声山石滚落，发生了大面积坍塌。

志强已经专注地听起了我的故事，听到坍塌，他紧张地张大了嘴。

我继续讲故事：

年轻姑娘亲眼看着对面的大山坍塌，唏嘘不已，内心久久不能平静。良久，年轻姑娘回顾自己这一路走来，遇到了小石头、大石头和宽广的大河。虽然阻挡了自己的脚步，但何尝不是救了自己一命呢？

志强看着我说：“阻挡自己的困难，不一定是坏事？”

我停了一会儿，给志强感悟的时间，看着他的眼神慢慢有了光泽，接着说：“是啊，志强，挡在我们面前的石头，虽然给我们造成了困难，但是没有它们，拿什么磨炼我们的心智？没有困难，拿什么让我们成长、成熟呢？”

志强不自觉地点头认可。

我接着说："生活中有很多绊脚石，又何尝不是自己的垫脚石呢？至于把困难定义为绊脚石还是垫脚石，全在我们的一念之间啊！"说完后，我就再没有讲话，微笑着陪伴在志强身边喝茶。

过了一会儿，志强脸上露出了久违的笑容，昂起头来说："肖导，我明白了，亏损500万元，是我的垫脚石。"

我俩同时开怀大笑了起来。

志强的父母在我们隔壁，听到志强的大笑，他俩走了出来，两眼含着泪光。

【案例分析】

投资需谨慎，包括对自己的儿子，要谨慎的不光是投资打水漂，还有可能让儿子在失败中失去生命力。投资，是一种商业行为，需要进行科学评估，只是因为父子情深而进行盲目投资，对谁都是不负责的。

条件好的家庭，能给予孩子好的成长环境，同时也要给予孩子"试错"的机会。犯了小错，意识到错误，在错误中成长，在错误中磨炼心智，这是一个良性循环，这个循环越是在孩子小的时候完成，对他未来的成就越有帮助。

然而，在家庭的溺爱中，很多孩子成长的时候没有机会犯错。一旦经历犯错、经历失败，对他内心的冲击将不可想象，过于脆弱的人可能再也爬不起来。

作为富二代，更要懂得惜福，要为家族不计投资回报率、不计是否能回本的投资或借款负 100% 的责任。如果没有成功，也要有心理承受能力，有勇气承担后果。

【老板要做的】

1. 理性地帮助孩子成长。

2. 投资孩子也是投资，同样需要遵循投资规律。

【员工要做的】

要在失败中回归，而不是在失败中低迷，更不能在一次失败后丧志。

【训练方案】

把曾经犯过的错和经历的失败写下来，分析背后的教训，把它当成老师敬畏、感恩和学习。

成长手记	

你一定要的是什么

雷总投资幼儿园十多年了，名下有十多家幼儿园。

雷总带我参观了他的每一家幼儿园，并详细介绍了工作流程，我咋舌道："没想到幼儿园的工作如此烦琐，而且涉及孩子的安全和健康，每一个细节都是精益求精。雷总，你真的很不容易啊！"

雷总聆听到了我的关心，很感动地说："是啊，肖导，很多人不知道我们的工作内容，以为就是带小孩子玩一玩，你能看到我们的不容易，还是你最懂我啊！要是每位家长也能看到我们的不容易，那就能理解老师们的工作了，这样老师工作起来效率就会高很多。"

我问雷总说："你是说，你想要家长了解幼儿园日常工作流程，理解老师们的工作吗？"

雷总毫不犹豫地说："是啊，想啊！"

我看着雷总问他："是因为你带我参观，给我详细介绍幼儿园的工作流程我才了解的，你只是'想'，可没有感觉你真的'一定要'。如果你'一定要'，那你为什么不分批组织家长参观幼儿园，向他们详细介绍，让他们理解老师们呢？"

雷总一愣，回味地说："我只是'想'，而没有'一定要'？"

我强化雷总的思维："是啊，想法不能让我们有行动，只是想一下而已；唯有‘一定要’的信念，才能转换成行动力。”

雷总有些激动地说：“肖导，真是感谢你的点拨，我的想法特别多，可是做得特别少。我明白了，不能光有想法，要强化信念，‘一定要’做到。我明天就开始陆续组织家长参观幼儿园。”

我笑着对雷总说：“有想法是好事，说明你思维敏捷。你一旦有了想法，就把它记录下来，哪些是需要落实的，就马上行动。”

雷总开心地说：“好的，我随身带个本子，随时随地记录我的想法。我的想法太多了，有时候想得脑袋疼。是时候梳理一下‘大脑内存’，清空一下‘回收站’了。”

听到雷总形象的比喻，我俩都开怀大笑。

雷总继续说：“肖导，现在的幼儿园老师很不好招，我们园的老师一直没有满编，招聘宣传每天都在每个幼儿园门口的 LED 显示屏上播放，却没有人来面试……”

我打断雷总的话说：“不好意思，我打断一下，你是说你想让幼儿园的老师满编？”

雷总说：“是啊。”

我带雷总区分：“你刚才表达的是你的现状，是你不想看到的结果。是不是这样？”

雷总说：“是啊。”

我说：“你大脑里想的是‘不想要’的，那你到底‘一定要’的是什么？”

雷总思考了一下说：“我‘一定要’的是幼儿园老师满编。”

我接着说：“你‘一定要’的是老师满编，可是你大脑里并没有思考如何‘一定要’，而充斥着的是‘不想要’的内容。”

雷总明悟地说：“肖导，你是说，我要想的是‘一定要’的，而不是‘不想要’的？”

我笑着说：“是啊！跟刚才‘光想不做’一个道理。人的大脑像电脑一样，内存有限，你想了这个就想不了那个。而有些人的思考习惯，是停留在现状，总是思考‘不要的’，于是就没有多余的精力来思考怎么样实现‘一定要’的。试想一下：如果你集中思考如何招聘幼儿园老师，效果会如何？”

雷总说：“我习惯性地花大量时间和精力思考我不要的，看上去是在努力地动脑筋，实际上并没有效果。只要把‘不要的’清晰呈现出来，就不需要再思考‘不要的’了，而是集中思考解决方案，是这样的逻辑吗？”

我笑着说：“是这个逻辑，你的思维果然敏捷！”

雷总继续说：“如果我集中思考幼儿园老师如何才能满编，我就能找到更多的方式方法去招聘老师，而不是这么久以来，只是在幼儿园门口的 LED 显示屏上发招聘启事这一个方法了。”

在我的鼓励下，雷总列出了 12 个招聘幼儿园老师的渠道和方法，把自己惊呆了，感叹地总结说：“方向不对，努力白费。我以前自以为很勤快地思考，原来思考方向错了是没有效果的。”

我给雷总竖起大拇指说：“雷总举一反三，思考得很透彻。你做幼儿教育，责任重大，教会孩子们如何有效果地思考问题，他们的人生将会更加事半功倍。”

我离开幼儿园后，雷总组织其中一个幼儿园的老师开会，讨论的主题是：你一定要的是什么？

有位老师说："雷总，我最讨厌路上大汽车的喇叭声，很影响我们上课。"

雷总马上纠正说："不要改写了我们的主题，你一定要的是什么？我没有问你最讨厌的是什么。"

雷总的心里很感慨。口是心之门户，原来很多人一出口，表达的就是自己不想要的，理不清自己一定要的是什么。而且沟通过程中，"改写"是障碍沟通的重要因素之一。

那位老师思考了一下说："我一定要的，是安静的、不受汽车喇叭声打扰的教学环境。"

雷总语重心长地说："你讨厌的汽车喇叭声，我们无能为力；你一定要安静的教学环境，我们是可以做到的，装个隔音玻璃就好了。"

经过这次会议，老师们对正面表达和正向催眠有了很深的认知，相信雷总幼儿园的教学品质，会上一个大台阶。

【案例分析】

人的潜意识不懂得处理负向的词语。

比如小孩子手里端着碗，妈妈说"千万不要掉下来了"，但最终还是掉下来了；上学的时候，老师说"别考砸了"，结果考砸了；上班的时候，老板说"千万不要出错"，结果满脑子都是出错，以及出错后的不好结果，终于出错了。

我们要懂得用正面的表达，来引导有效果的思考。比如把"不准迟到"转换成"一定要准时"；"不要吵架"转换成"一定要和谐"；"不准拖拉"转换成"一定要高效"。

当用正面的表达方式时，大脑里呈现的画面是完全不同的，向周边发出的磁场也不同，吸引的结果就不同了。

【老板要做的】

运用潜意识，激励自己和员工。

【员工要做的】

1. 时刻觉察自己“一定要”的是什么。

2. 沟通表达时，觉察有没有“改写”他人的表达。

【训练方案】

1. 闭上眼睛，问问自己“一定要”的是什么，看看这句话问出后，大脑里有什么样的画面。确保这个画面是正面的、积极的和非常美好的，然后尝试让这个画面清晰、完善。

2. 每天睡觉前，闭上眼睛，想想今天你做的有价值的事：你帮助的人，你为自己种下的善因。想到后，内心感觉充满着感动、感恩，然后不停地放大这份感动和感恩，感受浑身一股暖流，心头非常温暖，让这样的感觉尽可能在体内多停留一会。

成长手记	

被兄弟欺骗后

文鹏为人友善，对人真诚，人缘特别好。在北京打拼 10 多年，他积累了一批财富，也积累了很多人脉关系。

文鹏有一群玩得很好的兄弟，经常聚在一起。突然有一天，有位兄弟谢斌带来了一个项目，想拉着文鹏一起做。

文鹏很谨慎，考察了很长时间。项目还算靠谱，又是和好兄弟一起做，于是文鹏就把这么多年的积蓄投入到项目中，开始了人生的第一次创业。

因为文鹏投入的钱最多，而且掌握一定的核心技术，所以文鹏做了董事长，谢斌做了总经理，生意顺利地开始了。他们两个都很努力，赢得了很多客户的青睐，很快就开始盈利了。

谢斌是总经理，负责公司运营，有一天他的妻弟说："姐夫，你的股份那么少，工资又低，还这么辛苦，要不我去成立一家采购公司，专门为你公司供货怎么样？"

谢斌一听，有道理，于是支持他妻弟开了一家供应链公司，专门为自己供货。

这家供应链公司要赚取利率，谢斌在这家公司赚得更多，于是采购成本居高不下。

不到一年，文鹏感觉到了压力。和竞争对手相比，价格完全没有优势，尽管和客户关系好，但是客户也不得不选择别家。

没有不透风的墙，文鹏终于知道了谢斌和妻弟的这家供应链公司是成本高的根源，就和谢斌大吵了起来，兄弟开始反目成仇，谢斌退股，一家盈利还不错的公司就此分裂。

事情还没有完，谢斌和文鹏分开后，直接把供应链公司做成了和原来公司一样性质的公司，抢走了文鹏的所有资源，文鹏撑了半年后破产了。

前后历时不到三年，文鹏把辛苦打拼 10 年的积蓄全部亏光。更痛苦的是，他感受到了兄弟的欺骗和背叛，急火攻心，文鹏病倒了。

文鹏的亲朋好友不忍他就此颓废，几经周折找到了我，期待我能出手，帮文鹏走出心理阴影。

我第一次见文鹏是在医院里，他躺在病床上，症状是心慌、乏力和胸闷。

文鹏用了两个小时，把他近三年的创业经历讲完。我静静地听着，感受到这一路走来，他有太多的辛酸、委屈、不甘和愤懑。

全部说出来后，文鹏长长地舒了一口气，心中的郁闷宣泄了一些，眼中依然没有光彩地对我说："肖导，我也很想原谅谢斌，可是我做不到，我真的好恨啊！"

我对文鹏说："当你想着去原谅别人时，背后的声音是他做错了。你觉得他做错了什么？"

文鹏很激动地说："他当然做错了，都是他贪心惹的祸。如果他想要更多的分成，和我说就可以了，他不该做关联交易！"

文鹏越说越激动，我感觉这个支持的方向走不通，于是换个思路说：“那你做错了什么吗？”

文鹏一听，继续激动：“我什么都没有错，都是他的错啊！”

这个支持方向还是不通，我思考了一下引导文鹏说：“你当前，还有哪些必须要亲自做的事？”

文鹏慢慢地平静下来说：“该亏的已经亏了，也没有本钱东山再起了。如果说必须要我亲自做的事，那就是还有些库存和固定资产，可以处理变现。”

文鹏开始把思维放到了未来，我就继续引发他：“面对你的家人，你觉得还有哪些必须要亲自做的？”

文鹏听到这里，眼圈有些红，带着哭腔说：“必须要振作起来，要不然全家人都在担心我！”说完了这句话，文鹏终于没忍住，眼泪顺着脸颊流了下来。

我没有阻止文鹏流泪，也没有给他递纸巾，而是用比较低的语调说：“文鹏，你自己也知道还有很多事必须你亲自来做，还有很多人必须由你来爱护。你要做的是宽恕，而不是原谅。”

文鹏慢慢平静下来。

我继续说：“原谅，背后意思是对方做错了什么。仔细想想，站在谢斌的角度，他有自己的立场和选择，他这样做确实赚了更多的钱，所以不能完全说他做错了什么。而且，你是公司董事长，谢斌是你的下属，如果说错，到底谁的错更大呢？下属犯错，是不是要追究你这位主管领导的责任？”

文鹏似乎从来没站在谢斌的立场思考过，也没有想过自己要负的责任，满脑子都是被欺骗后的怨恨。

他坐直了身体，认真地听我说：“追究谁对谁错的责任，已经没有意义。总结这几年成长了什么，因为这次破产吸取了什么经验教训，才是对过去的负责。所以，你要选择的是宽恕，是因为你要对过去负责。当下有你爱的人需要呵护，未来有更多有意义的事等着你做，还有很多看好你的人支持你，而你也可以去帮助更多的人。”

文鹏动容，眼神开始有了光泽。

我声调略大地说：“所以，宽恕和他人无关，和你选择成为一个什么样的人有关，和你选择未来去向何方有关。”

文鹏再次激动，但是这次的激动是能量回归后的激动，是生命力重新燃起的激动。

我抓住文鹏的手，深切地问：“文鹏，你愿意做一个越挫越勇、一往无前的大丈夫吗？”

文鹏的眼泪再次流了下来，看着我说：“肖导，我愿意。我要宽恕谢斌，更要宽恕我自己。”

文鹏的心结打开了，整个人的病好了大半。

我引导文鹏对过去做了深入的总结，陪伴他用了三个小时，把过去做得好的列出来；可以做好但是没有做好的列出来；必须做但是没有能力做的列出来；没有想到的，在这次创业失败的经历中才意识到的列出来……

然后，我帮助文鹏规划了成长方向和三年的学习计划，将过去几年的经历，转换成了文鹏一生受用的财富。

完成了总结，文鹏突然来了一句感叹："我真是要感谢谢斌，要不是有他，我也不会收获这么大，成长这么快，未来也不会有更大的成就。"

【案例分析】

原谅他人的背后潜台词，是对方做错了，把自己的位置抬得很高。可是，对方真的错了吗？就算是错了，又能怎么样？所以我们要宽恕自己和身边的人，宽恕和他人无关，和自己选择成为什么样的人有关。

宽恕的背后，是成长，是有了更大的心量格局，着眼在更有价值的未来。

【老板要做的】

1. 宽恕在企业经营中给企业带来不利影响的人。

2. "那些打不死我的，必使我强大"，从那些对企业不利的影响中蜕变，去实现企业更大的价值。

【员工要做的】

感恩领导的批评，感激同事的鞭策，这些都是生命成长必需的营养。

【训练方案】

列出因为他人的行为造成自己损失的事，认真盘点自己在这些事情中可以吸收的经验，并感恩这些事情的发生。

成长手记	

如何训练自信心

荣梅是一位高才生，在一家集团公司担任高管。她工作一直非常努力、认真。她不善言辞，总是埋头苦干，为公司立下了汗马功劳，在集团公司 10 年来，每年都能获得表彰，每两三年就被提拔一次。

因为提拔的岗位都是荣梅熟悉的，所以荣梅用了很短时间就习惯了。

随时市场发展，集团公司准备在荣梅的家乡投资一家产业公司。鉴于荣梅的表现，公司领导准备任命她为产业公司总经理。

荣梅接到这个消息，内心怦怦跳，又高兴又紧张。高兴的是自己得到了公司领导的认可，获得了这样一个创业的机会；紧张的是自己没有自信，心里没底，怕做不好，因为要去的是完全不熟悉的环境。

忐忑不安地过了一个晚上，荣梅找到领导说："我还是担心自己做不好，怕影响到公司发展，公司换个人吧。"

公司领导和蔼地说："公司领导开会讨论，大家是全票通过，我们都很相信你，怎么你不相信你自己呢？"

在领导的鼓励下，荣梅咬紧牙关，鼓起勇气，接下了这光荣且艰巨的任务，走马上任产业公司总经理。

荣梅工作能力很强，心里也知道自己是有能力做好这份事业的，可是内心总是不自信。

有一天，荣梅需要亲自去拜访公司最大的客户黄总，黄总想和荣梅公司长期合作，所以相约见面谈细节。

去的前一天晚上，荣梅在网上搜索学习如何提升自信心、如何克服紧张、如何讲话不打结等资料，一直忙到凌晨 3 点。

第二天一大早，荣梅准时赴约，来到客户公司时，心就开始跳个不停。

到了黄总办公室门口，荣梅心里想：要是黄总不在就好了。

黄总热情地请荣梅进来，看到她很拘束，还亲自为她倒了一杯茶。

黄总很健谈，很清晰地表达了自己的期望。

荣梅虽然很紧张，好在准备的资料很充分，终于不辱使命，双方达成了长期合作协议。

出了黄总办公室，荣梅赶紧做了三个深呼吸，过了很久，内心才平静下来。

荣梅知道，这一次自己完全没有发挥好，能达成合作，很大程度上因为公司的品牌、过去合作的经历和自己资料准备充分，而黄总又是个热情的人，这里面有很多的侥幸。

荣梅知道，自己必须要成长起来，侥幸心理绝对不能长久。她发现在网上找资料学习对自己效果不太好，必须要找专业人士指导。机缘巧合下，她学习了我的课程。

荣梅告诉我说："肖导，我不自信。"

我反问荣梅说：“你很自信地肯定自己不自信，怎么能说不自信呢？”

荣梅一愣，似乎没反应过来，我强化她转念说：“你有没有留意到，你对自己不自信，是相当的自信？”

荣梅愕然地点头说：“嗯。”

我继续说：“既然你很自信地认为自己不自信，那为什么不能很自信地认为自己很自信？”

荣梅一拍大腿说：“对啊，我很自信啊！我都自信很多年地认为自己不自信，哈哈哈！”

其实荣梅是个豪情的人，估计是因为过去经历了一些事情，让她的认知局限在了“我不自信”这个层面，我探索地问她：“是不是因为你的成长过程中被打压过，或者有些事你无能为力感觉很无助，又或许你经历过什么挫折，还是别的什么原因，所以一直认定了自己不自信，做不好？”

荣梅听我这样一问，有些难受地说：“是的肖导，我从来没有得到过爸妈的肯定，我做什么事爸妈都说我是错的，我感觉自己什么都做不好。哪怕我现在事业上取得了很大的成绩，在我爸妈眼里也还是不值一提。好像长这么大，我从来没有得到过他们的肯定。”

听到荣梅的成长经历，我很难过。父母都是望子成龙、望女成凤，然而父母对孩子爱的表达方式，以及支持孩子成长的方式，有的时候会变成一种伤害。

我不想看到荣梅进入回忆中继续难受，帮她做了总结：“其实，自信是对一个人主观的自我评价。比如你一定对吃饭、睡觉很有能力完成，所以就很自信。但让你每年赚一个亿，你可能暂时没有能力完成，这并不影响你是自信的人。所以，你是个自信的人还是不自信的人，是由你自己的主观评价决定的，不是由别人的评价决定的，也不是由一些你暂时没有能力做到的事决定的。”

荣梅笑着说：“我明白了，要想成为自信的人，是自己先要认为自己是个自信的人。哪怕我把工作搞砸了，我也是自信的人；哪怕我爸妈不认可我，我也是自信的人。”

我补充说道：“是的，你本身就是个自信的人。如果你感觉自己对某件事情不自信，那就想办法把能力提升起来，搞定这件事。哪怕搞不定，也不影响你是个自信的人。”

荣梅兴奋地说：“好的，从今天开始，我开始我的自信人生！”

【案例分析】

你是什么样的人，不受外界环境影响，也不受事件和他人的评价影响。你是个自信的人、激情的人、负责任的人、喜悦的人、付出的人和大格局的人……全在你的一念之间。

然而，我们会因为一些事情暂时没有做到，因为生命中重要的人的评价，认为自己是个不自信的人、悲惨的人、不走运气的人、被人欺负的人和不受重视的人……这些负向的认知，是自我价值感低的表现，自己认为自己没有价值，不值得拥有好的特质。

任何时候，你都是有价值的，这是内心富足的人给予自己的正向评价。哪怕遇到很大的困难，经历很大的挫折，被很多人瞧不起，都值得正面积极地评价自己：我是有价值的人！

【老板要做的】

给予员工鼓励，激励员工，并支持员工生命的成长，让那些有能力可是没自信承担的人，为公司创造更大的价值。

【员工要做的】

提高认知水平，成为心灵富足的人，正面积极地评价自己。

【训练方案】

连续 70 天，每天对着镜子或同事，用五分钟大声表达：你知道我有多了不起吗？把自己的了不起彻底挖掘出来。

成长手记	

客户是上帝吗（上）

彭总是一家四星级酒店的老板，酒店门口贴着五个大字：客户是上帝。

月度会议上，彭总对着200多名员工说：“我们酒店提倡‘客户是上帝’的企业文化，但是我发现有些同事看见上帝来了，头都不认真抬一下，问个好都敷衍了事。大家说说，这是怎么回事？”

老员工都知道彭总的脾气，不愿意触犯其尊严。

大堂经理说：“彭总，这是我的工作没到位，我马上组织部门同事学习，强化服务意识。”

客房经理说：“是啊，是我们工作失职了，我们要加大每天巡查的力度。”

当大家在自我检讨时，新来不到三个月的人事部经理唐勇站起来说：“彭总，我有些不同的想法，不知道该不该说。”

唐勇也听说了彭总的脾气，所以说话之前做了铺垫。

彭总盯着唐勇，说：“快说，哪来那么多磨叽！”

唐勇清了一下嗓子说：“上个月的例会，彭总也提出了酒店的问题，场面和今天一样，大家勇敢认错，都说回去加强管理。但是一个月过去了，没有看到什么改善效果。这种‘勇敢认错，死不悔改’作风，不知道在我们酒店存在多久了？”

一句话激起千层浪，所有员工心里都在嘀咕：你个不要命的唐勇，胆儿真肥啊！敢这样质问老板，你不想过好日子我们还想呢！就算是要出风头，你也不能把我们都搭上啊！

持续三分钟的寂静。

唐勇心里也不平静，开始琢磨起来：这次风头出大了！枪打出头鸟，等着挨批吧！不过我也是为酒店好啊。

正当大家各怀心思时，彭总笑了。这笑声落到大家心里，更忐忑了，这是山雨欲来风满楼吗？

出乎所有人意料，彭总用亲切的口吻说：“唐勇，你问得很好。勇敢认错，死不悔改，总结得很到位。”

大家从来没有听过彭总用这样的口气说话，也很少看到彭总会表扬谁，一时竟茫然了。

彭总继续说：“每次开会，似乎都是我一言堂。我提出问题，大家态度端正地承认错误，说回去改善。可是这么多年来，有些问题反复出现，好像从来就没有得到彻底解决。今天唐勇能直言不讳，我有一种醍醐灌顶的感觉，我们要感谢唐勇这样的好员工，一心为酒店考虑，而不是担心自己的得与失，我们大家给唐勇鼓个掌。”

彭总带头为唐勇鼓掌。

大家一边跟着鼓掌一边想：彭总什么时候变了？

唐勇挠了挠头，有点不好意思。

彭总继续和蔼地说：“刚才大堂经理和客房经理也说了，要组织学习、加大巡检。客户是上帝，我们要持之以恒地服务好上帝。各部门制订出一整年的学习计划；部门负责人制订出比原来更高要求的巡查方案，必须要数据可量化，有时间检视点。明天这个时间，部门负责人拿着方案来，我们开会讨论确认后严格执行。”

彭总说完，看着唐勇说：“唐勇，你看这样安排可以吗？”

所有老同事再一次震撼，彭总居然会征询员工的意见了！

唐勇刚来不久，对彭总的了解不是很深，听到彭总这样征询意见，内心充满了得意，想了一下说：“制订可量化、可检视的持之以恒的方案，再严格执行，比以前肯定是好多了。只是，我对‘客户是上帝’的说法，还有一点小小的看法。”

老同事们感觉今天彭总的表现有些“诡异”，风格和以前完全不同。心想：这唐勇真是初生牛犊不怕虎，他是没见过彭总发脾气的样子，居然还要继续提看法！

大家齐齐把眼睛看向彭总，已经完全摸不透彭总接下来会怎么样做了。

彭总微笑着说：“很好，有看法就说出来，大家一起研讨。只要是对酒店发展有好处，都可以大胆地说。”

老同事们倒吸一口凉气，第一次感觉彭总是如此平易近人。

唐勇提高嗓门说：“上帝是神明，我们服务他是应该的。只是，上帝离我们太远了，不知道他需要什么样的服务，如果用我们人类的思维去揣摩神明需要什么，好像也不太好。所以，如果客户是上帝的话，很难抓住重点。”

彭总听完后，哈哈大笑说：“这个思考的方向很好。今天的时间已经到了，大家先各自回到工作岗位，服务好客户。明天开会我们就讨论两个话题：一是改善方案；二是客户到底是我们的什么。”琢磨不透的会议结束了，大家带着各自的思考回到了工作岗位。

彭总回到自己的办公室后，给我打了个电话，和我说了今天例会的情况，并请教我说：“肖导，客户如果不是上帝，那他们是什么呢？”

我微笑着说：“彭总，你现在进步很大了。开会的时候不轻易发脾气，可以聆听下属不一样的声音，还懂得主动寻求帮助了。”

彭总开心地笑着说：“肖导过奖了，还要继续努力，感谢你这段时间的点拨。”

我继续说：“关于客户是上帝还是什么，讨论这个之前，你先得明白你的客户是谁。员工每天要面对客户，所以员工的客户就是消费者；而你是老板，每天面对的是员工，所以你的客户是员工。你们酒店大门口贴的是‘客户是上帝’。彭总，你有没有把你的员工当上帝一样服务啊？”

彭总想到过去自己对员工的态度，很尴尬地说：“肖导，说来惭愧，我以前没想过我的客户是员工。我都没有把他们当成我的上帝，怎么能要求他们把客户当上帝。我都没有服务好员工，员工怎么可能服务好客户？谢谢你肖导，我明白了。”

我和彭总又在电话里讨论了“客户是上帝还是什么”的问题，给了彭总一些思考的方向，他为明天的会议做好了充足的准备。

【案例分析】

对老板来说，最大的客户是自己的员工，如果客户是上帝，那么老板有没有像对上帝一样服务好自己的员工呢?

本案例呈现了一位权威型老板对员工态度的转变，以及角色认知的拓宽。

【老板要做的】

1. 尊重员工，不要“官本位”。

2. 鼓励员工发出不同的声音，给予更多的参与感。

【员工要做的】

1. 积极主动地为公司献计献策。

2. 发现公司的问题及时彻底解决。

【训练方案】

为公司呈现的问题制订详细的解决方案，彻底解决问题，确保再不复发。

成长手记	

客户是上帝吗（下）

第二天开会，这次参加的只有各部门的负责人。

彭总早早到达会议室，帮每位参会的同事准备了一杯热茶。

大家陆续来到会议室，每个人进门都是一愣。彭总居然比他们还先到，有点惊讶，以前都是大家等彭总，而且会议基本没有准时开始过。

这一次会议准时开始，彭总说："我为大家准备了热茶，我们一边喝茶一边讨论。"

大家脑袋有点缺氧，他们一时适应不了彭总的改变。

因为大家精心做了准备,所以很快就把管理方案确定了下来。这是一份整体计划，不再像以前那样头痛医头，脚痛医脚。

彭总很满意，大笑着说："感谢同事们的尽心尽责，只要我们严格执行管理方案，持之以恒地做到，员工就能养成良好的服务习惯。我们虽然是四星级酒店，但是要为客户提供的是五星级服务，拜托大家了。"

听到彭总的感谢，大家都很感动。

记忆中，这好像是彭总第一次感谢大家。

彭总接着说："昨天唐勇提出的话题：客户是我们的上帝还

是什么？每个人都说说自己的看法，客户到底是我们的什么呢？”

餐饮部负责人说：“我觉得，应该把客户当作女朋友，哄着就开心了。”

一句话惹得大家哄堂大笑，彭总也跟着大家笑起来了，并且指着餐饮部负责人说：“你就知道哄小姑娘开心。”

彭总极少和同事们开玩笑，这一句玩笑，完全和大家打成了一片，讨论更热烈了。

行政部负责人是位女士，她说：“我们服务客户，是对客户的尊重，同时我们也需要客户的尊重，‘哄客户’不合适。我觉得把客户当成闺蜜才行，可以无话不谈。”

采购部负责人马上说：“我们每天忙得天昏地暗，哪有时间和客户无话不谈。我觉得要把客户当成儿子。我们照顾儿子时多么无微不至啊！”

人事部唐勇说：“你可拉倒吧！你天天打骂你儿子，要把客户当儿子，还不被你欺负惨了啊？”

大家再次哄堂大笑。

就这样，大家又讨论了好一会儿，彭总站起来说：“我也来分享一下我的看法！我们大多数人是从农村来到了这个大都市，来想象一个场景：有一天，年迈的父母从农村老家来城里看我们，我们会怎样接待呢？一定会发自内心地感动，由内而外的热情。父母生养我们，把我们培养成才，一年也难得来城里看望我们一次，这次来小住两天，我们一定会把最好吃的、最好用的和最好玩的，带父母体验一番，以表达我们对父母的感激。”

说到这里，彭总停顿了一会，大家感同身受，有位女同事还流下了感动的眼泪。

彭总继续说："我们现在衣食无忧，父母来城里看我们，还能款待他们，还有经济能力赡养父母，这一切是怎么来的？是因为客户在我们酒店消费了，是客户购买了我们的服务，才有了我们体现价值的机会和衣食无忧的生活。所以，客户是我们的上帝，我们要尊敬爱戴；同时，客户也是我们的衣食父母，要像接待生养父母来城里看我们的样子，去接待好每一位客户，让客户来到我们酒店，感觉像回到自己家里一样温暖。"

大家很动容，一股暖流从心底向全身散开。

衣食父母、宾至如归，这是所有服务行业的最高服务标准了。

虽然彭总没有告诉大家应该怎么做，但是每个人的心里都有了成长的方向。彭总在这一刻，把200多名员工放在了心里，把他们视为衣食父母，虽然没有表达出来，但是他已经下定决心，用行动让每一位员工感受到宾至如归和安居乐业。

【案例分析】

客户既是上帝，也是衣食父母，像照顾探亲的父母一样服务好客户，让客户能有宾至如归的幸福感。

然而，很多企业服务客户过于功利，一心只想研究各种方法掏客户口袋里的钱。就算能成功一时，也很难长久。为什么我们不能静下心来，认认真真地研究如何更好地服务好客户，为客户提供更大的价值呢？没有耕耘，哪来的收获？

【老板要做的】

1. 把客户意识升维到用户意识和产品意识。

2. 制订以“衣食父母”为导向的服务机制，并贯彻执行。

【员工要做的】

完成公司服务理念的教育和服务方式的训练，认真执行公司的服务机制。

【训练方案】

将公司的服务流程标准化，定时进行训练。

<table>
<tr><td rowspan="4">成长手记</td><td></td></tr>
<tr><td></td></tr>
<tr><td></td></tr>
<tr><td></td></tr>
</table>

千里马和伯乐到底哪个先

陈总非常重视人才，虽然公司有人力资源部，但是他每年都亲自带队参加两次校园招聘。

三年前，陈总来到某名牌大学，招聘录用了大学生吕中扬进入了公司销售部。

吕中扬到公司上班一年，表现得非常出众，为公司创造了很多业绩，成了销售部的业绩冠军。

销售部经理调到别的岗位了，于是部门经理的位置空了出来，吕中扬盘算着：按着自己的表现和业务能力，这个位置肯定是自己的。

可是事与愿违，这个部门经理的位置被一位业绩不如吕中扬的同事得到了。

吕中扬怎么都想不通，凭什么没有提拔自己？他感觉自己怀才不遇，在这家公司没有伯乐，得不到发展，开始消极怠工。

陈总了解到这些情况后，把吕中扬请到办公室喝茶，陈总开门见山地说："中扬，听说你在为没有当上销售部经理而郁闷？"

吕中扬也没有藏着掖着，坦诚地对陈总说："是啊陈总，我的业绩是最好的，凭什么不提拔我呢？"

陈总耐心地说：“这三年，我一直关注你的成长，你为公司立下汗马功劳，我代表公司感谢你。你是不是觉得自己是千里马，公司没有伯乐赏识你啊？”

吕中扬被说中心声，有点不好意思地挠挠头。

陈总继续说：“我们来探讨一下，如果你是伯乐，会怎么评价你这匹千里马呢？”

吕中扬想了一会儿说：“如果我是伯乐，我会认为吕中扬是个可造之才、敢于挑战、不畏艰险、吃苦耐劳、诚实可靠、开疆扩土和无往不胜……”

陈总白了吕中扬一眼说：“你吹自己倒是挺彻底的。那你再说说，如果你是伯乐，你会把吕中扬这匹千里马放在哪个位置，才能发挥出他最大的优势？”

吕中扬骄傲地说：“当然是放在最前线了，千里马就是要一往无前地奔跑啊！”

陈总听完，微笑着看着吕中扬。

吕中扬看陈总没说话，眼珠子一转，想了一会儿，说：“陈总，你是说我不适合做销售经理的位置？公司对我另有安排？”

陈总笑着说：“孺子可教也。”

吕中扬一听，兴奋地说：“陈总快说说，你这位伯乐，要怎么安排我这匹千里马啊？”

陈总说：“你是公司的业绩冠军，是公司的顶梁柱，公司准备开拓新的市场区域，按理说你是最合适的人选。只是这次提拔销售经理的事，你表现出来的心性，让我有了一些担心。”

吕中扬认真地说：“陈总，我知道公司非常重视人才培养，我也很想快速进步，还请赐教。”

陈总看着吕中扬对自己成长的坚定，缓缓开口说：“第一点，你在没有被提拔后成了怨男，抱怨公司不赏识你，而不去问问自己为什么没有被提拔，甚至工作劲头都受到了影响。”

吕中扬惭愧地说：“是的，陈总这样说，我意识到了。抱怨是千里马的致命弱点，陈总一直教我们‘内归因’，这次我领悟更深了。”

陈总看吕中扬态度端正，继续说：“第二点，你出身名牌大学，公司业绩冠军，确实有骄傲的资本。但是你表现出骄横跋扈，目中无人，在销售团队中人缘比较差，这就需要你注意了。”

吕中扬汗都出来了，感激地对陈总说：“感谢陈总点拨，我现在才意识到，自己平常确实有点我行我素了，不太注重别人的感受。我接受，以后一定训练亲和力。”

陈总接着说：“你能接受我的回应，让我很感动，说明你是个有胸怀的人，这也是成就大事业的前提。我并没有说你做错了什么，只是非常看重你，期待你能更优秀。”

吕中扬站起来说：“我收到了陈总的关爱，谢谢你。”说着给陈总鞠了一躬。

陈总示意吕中扬坐下，微笑说：“千里马和伯乐，到底先有哪个？有人说是千里马，有人说是伯乐。我觉得还有第三个答案：自己认为自己是千里马，自己成为自己的伯乐。这样就对自己有了觉察，成长才会更快，才能吸引更多伯乐的赏识。”

陈总喝了口茶继续说：“就拿这次提拔来说，如果你是伯乐，在销售团队中提拔一位千里马做销售经理，你觉得你会提拔吕中扬吗？”

吕中扬痛苦地说：“不会，因为吕中扬是业务型千里马，不是管理型千里马。”

陈总说：“业务型和管理型千里马，这个比喻很好。只是你要明白，经过训练，你可以成为业务型加管理型的千里马。”

吕中扬眼神放光，看着陈总说：“谢谢陈总，我明白了。”

陈总说：“明白了就好，准备一下，近段时间公司会有新区域的市场开拓计划，你认真参与公司相关培训，到时候就有了你驰骋的机会。”

【案例分析】

所有的怀才不遇，都是在抱怨，是情商低的表现。

我们要相信自己是千里马,如果自己都不相信自己是千里马，那还有谁能相信你是千里马呢?

我们要相信自己是伯乐,如果不能清晰地认识到自己的特质，如何发挥千里马的长处?

【老板要做的】

1. 要有甄选千里马的眼光。

2. 建立训练千里马的机制，不要埋没人才。

【员工要做的】

相信自己是千里马，并在某个专业领域奔跑出属于自己的那份尊严。

【训练方案】

找专业人士帮忙分析自己的优势和劣势，把自己的优势发挥到极致。

成长手记	